AF385395

# LE P. MAUMUS

# LE
# DESPOTISME JACOBIN

## LETTRES D'UN LIBÉRAL

PARIS

LIBRAIRIE PLON

PLON-NOURRIT et C⁹, IMPRIMEURS-ÉDITEURS

8, RUE GARANCIÈRE — 6ᵉ

1906

*Tous droits réservés*

# LE
# DESPOTISME JACOBIN

# LE P. MAUMUS

## LE
# DESPOTISME JACOBIN

## LETTRES D'UN LIBÉRAL

PARIS

LIBRAIRIE PLON

PLON-NOURRIT et Cⁱᵉ, IMPRIMEURS-ÉDITEURS

8, RUE GARANCIÈRE — 6ᵉ

1906

*Tous droits réservés*

*Sur le témoignage favorable des examinateurs, nous permettons l'impression de l'ouvrage :* Le Despotisme jacobin.

G. LEFEBVRE

Vicaire général

# LE
# DESPOTISME JACOBIN

---

## LA LIBERTÉ CIVILE

**Cher ami,**

Je suis de ceux qui ne désespèrent jamais du triomphe quand il s'agit d'une cause généreuse et belle. Ma conviction survit à toutes les défaites et, plus haut que les ombres du présent, ma pensée évoque les heures lumineuses de l'avenir.

Vous me dites que je me berce dans un rêve chimérique, que je suis victime de mes illusions, que mon utopie libérale ne se réalisera jamais et qu'il est plus sage de prendre les hommes comme ils sont, avec leurs instincts innés de despotisme qui rendent impossible le règne de la liberté.

Je ne puis pas accepter ce système de résignation facile qui cache un désintéressement coupable de la chose publique. Sous le prétexte que l'ac-

complissement du devoir se heurte à des obs-
tacles graves on n'est pas autorisé à le trahir; si,
parce que la liberté a des ennemis nombreux, puis-
sants et habiles, il fallait se résigner au despotisme
et renoncer à la revendication du droit, les peuples
deviendraient un troupeau gardé par des loups et
l'unique souci de la vie serait de ne pas se laisser
écorcher trop cruellement avant d'être mangé.
Pour moi, mon cher ami, je ne me résoudrai
jamais à cet égoïsme dégradant et, malgré tout, je
conserve une idée trop haute de la dignité humaine
pour croire à l'éternité du règne des Césars. Du
reste, que César soit un homme, un groupe parlementaire ou une majorité jacobine, il importe peu;
la violation du droit est toujours odieuse, quel que
soit le nom du despote.

La liberté est un droit primordial et, en soi,
inviolable. J'ai le droit de vivre comme bon me
semble, pourvu que mon genre de vie ne porte
aucune atteinte au droit des autres; j'ai le droit
de suivre les inspirations de ma conscience et de
mettre en pratique mes croyances religieuses; j'ai
le droit de lire, de méditer, d'écrire et de faire
part à d'autres du fruit de mes travaux; j'ai le
droit de professer publiquement mes opinions politiques et religieuses, de m'associer à ceux qui

pensent comme moi et de me joindre aux manifestations pacifiques qui attestent la force et la vitalité de mes convictions. En un mot, toute expansion légitime de la personnalité est de droit naturel et quiconque y porte atteinte commet un attentat contre la liberté.

Ces principes sont tellement évidents qu'ils n'auraient pas besoin de preuves si nous n'avions pas oublié les fortes maximes qui font les peuples libres.

Peut-on, en effet, concevoir une situation plus misérable que celle d'hommes gênés, vexés, tracassés de mille manières par un pouvoir ombrageux toujours prêt à opposer la force à la manifestation légitime du droit? Quel prix peut avoir la vie si, à tout moment, l'on est exposé à rencontrer des lois injustes, des décrets arbitraires, des mesures oppressives dictés uniquement par le caprice, la passion du moment et brutalement appliqués avec l'omnipotence audacieuse de la force? Dès lors, il n'y a plus de citoyens, il n'y a que des hommes menés à coups de fouet, comme des bêtes de somme.

Cette conception d'un ordre social abominable et qui, aujourd'hui, autorise aux yeux d'un trop grand nombre les plus intolérables excès, a plusieurs causes.

La première et la plus générale est l'idée fausse que l'on se fait du rôle, des prérogatives et des droits de l'État; elle peut se résumer en un seul mot : l'État est tout et l'individu n'est rien. Cette notion est la négation de toutes les libertés.

L'État, dit-on, est la source du droit; il peut, à sa guise, l'octroyer ou l'anéantir. L'individu ne peut jouir que des libertés dont l'État veut bien lui faire abandon, sauf à les reprendre quand il le jugera à propos. Le bon plaisir de l'État est la loi suprême; les corps et les biens de l'individu lui appartiennent. Un jour, à la Chambre, j'ai entendu un député qui déclarait tranquillement que les enfants sont la propriété de l'État.

Il faut que le sentiment libéral ait été terriblement oblitéré pour que l'on puisse, sans sourciller, prôner de pareilles maximes. Et cependant on entend tous les jours des hommes politiques et qui se disent libéraux exalter outre mesure les droits, la majesté, l'omnipotence de l'État.

Et l'individu, qu'en font-ils donc?

Je remarque d'abord que ces principes, invoqués par de soi-disant libéraux, sont essentiellement rétrogrades. Ils nous font reculer de près de trois cents ans; ils nous ramènent au temps où l'État, qui alors s'appelait le Roi, était tout; ce n'est vraiment pas la peine d'être en République si on en revient à Louis XIV. Il serait plus franc de dire : « Nous ne voulons la liberté que pour nous et nos amis; quant à celle des autres, nous la supprimons purement et simplement, parce que la tranquillité et les intérêts de l'État exigent que les contradicteurs ne puissent pas troubler l'ordre public. » Or, pour ces prétendus libéraux, troubler l'ordre public, c'est ne pas penser comme eux. Je ne me paye pas de mots et je dis que la République est une mauvaise plaisanterie quand, au nom de l'État, on peut confisquer la liberté.

Ces principes ne sont pas seulement réactionnaires, ils sont aussi radicalement faux. Ici, mon cher ami, permettez-moi de vous exposer la théorie vraie des rapports entre l'individu et l'État.

L'individu est antérieur à l'État : on est homme avant d'être citoyen. Le seul fait de notre dignité d'homme nous confère des droits naturels innés et sacrés. Je les ai énumérés plus haut, il est inutile d'y revenir. Mais, si je reste isolé, sans aucun rapport avec quelqu'un dont l'aide et la protection me permettront de jouir en paix de mes droits, je suis fort exposé à devenir la proie du premier venu qui trouvera bon d'empiéter sur mes droits et de les réduire à néant. Je dois donc, dans mon intérêt personnel le plus évident, m'appuyer sur quelqu'un qui me protégera en mettant à ma disposition la force dont il dispose et que je n'ai pas. C'est ce besoin de protection du droit qui a donné naissance à l'institution d'une force publique au service de tous et qu'on appelle l'État. La raison d'être de l'État est donc la protection et la sauvegarde du droit des citoyens ; la force dont il dispose n'a, ou, du moins, ne dois pas avoir un autre but. C'est pour cela qu'il a des juges, des soldats, une administration, en un mot tout ce qui constitue un gouvernement dont la volonté, formulée par des lois, ne doit avoir en vue que le bien de tous et de chacun.

Mais vous comprenez très bien que si l'État, au lieu de protéger le droit, le viole en abusant de sa force, il trahit le mandat qui lui a été confié et il ne remplit plus la mission qui lui incombe.

Le devoir évident de l'État est de garder son armée pour la défense du territoire ; mais que penseriez-vous d'un gouvernement qui ordonnerait aux soldats de tirer sur ses administrés ?

C'est cependant ce que font les hommes politiques quand, au nom de la toute puissance de l'État, ils méconnaissent les droits des individus.

La cuirasse a été inventée pour protéger la poitrine du soldat ; que penseriez-vous d'un chef qui en ferait un état où ses hommes seraient condamnés à mourir étouffés?

C'est ce que font les législateurs quand ils édictent des lois oppressives où les citoyens sont enfermés comme dans une camisole de force.

Et ce serait pour cela que les citoyens, écrasés d'impôts, donnent des millions à l'État!

La doctrine de l'omnipotence de l'État est tellement hideuse qu'on éprouve le besoin de lui mettre un masque. On ne dit pas, généralement du moins : « Nous sommes la force, courbez-vous », on dit : « C'est la loi, il faut obéir ».

Sans doute, il faut obéir à la loi, mais à une condition, c'est que la loi soit juste. Sans cela, la loi n'est que la force travestie par des hypocrites.

Quelles sont donc les conditions d'une loi juste? Il faut, pour qu'une loi soit juste, qu'elle soit la consécration d'un droit, qu'elle ait pour but le bien commun et qu'elle soit édictée par une autorité légitime.

Ce n'est donc pas le vote d'une majorité qui constitue la loi et lui donne son caractère sacré; la loi est essentiellement l'expression d'une chose juste.

Si, en effet, il n'y a pas, au-dessus des assemblées où s'élaborent les lois, quelques principes supérieurs dont s'inspireront les législateurs, tout vote, même inique, sera la loi, par cela seul qu'il aura réuni une majorité. Ce principe est comme l'apothéose du despotisme. Aussi Montesquieu a grandement raison d'affirmer que « dire qu'il n'y a de juste ou d'injuste que ce qui est déclaré tel par les lois positives, c'est dire qu'avant qu'on n'eût tracé des cercles les rayons n'étaient pas égaux ».

La justice de la loi a donc une origine infiniment supérieure aux délibérations des législateurs ; elle a sa source dans les principes d'équité naturelle gravés dans le cœur de tout homme et contre lesquels tout ce qui se fait est nul de plein droit.

La loi doit, en outre, pour être juste, avoir en vue le bien général. Si elle est votée pour satisfaire les haines, les préjugés et les passions, elle n'a aucun titre au respect des citoyens : elle est la force, elle n'est pas le droit.

Il faut enfin qu'elle soit édictée par une autorité légitime, c'est-à-dire par la nation qui légifère directement ou par ses représentants.

Il est clair que nul ne peut, de son autorité privée, faire des lois ; le pouvoir législatif réside dans la nation qui l'exerce elle-même ou qui le délègue à des mandataires. Il suit de là que les mandataires doivent rester en communion d'idées

avec ceux qui leur ont confié leurs intérêts et
que leurs décisions doivent être l'expression de la
volonté générale. Des députés sont infidèles à leur
mission quand ils font des lois contraires à la volonté
nationale, des lois dont il n'a pas été même question quand ils ont été élus, et dont le vote est alors
une surprise et un abus de confiance.

Nous venons d'avoir un exemple éclatant de la
légèreté coupable avec laquelle les représentants
de la nation votent une loi d'une importance capitale sans que le pays en ait été saisi : je veux parler
de la séparation de l'Église et de l'État. Je revien-
drai sur ce sujet; pour le moment, je ne le traite
qu'au point de vue de sa valeur légale.

Il est évident que la Chambre n'avait pas reçu
mandat pour aborder et résoudre ce grave problème. Lorsque la question a été agitée, le devoir
le plus élémentaire des députés était donc de sus-
pendre les discussions, de tenir compte des innom-
brables pétitions opposées au projet et d'attendre
la consultation nationale.

Je connais un ordre religieux dont nos législateurs
feraient bien d'étudier les Constitutions : ils appren-
draient comment on procède quand on veut, en
connaissance de cause, voter une loi juste et oppor-
tune. Ces moines, qu'on a traités avec la désinvol-

ture que vous savez, ont compris qu'un acte législatif est une chose grave, qu'il faut se défier de l'entrainement d'un moment et qu'une sage lenteur est le meilleur moyen d'éviter les excès de pouvoir. Ils ont donc décidé qu'un projet déposé n'aurait force de loi qu'après avoir été discuté et approuvé par trois assemblées successives convoquées à trois ou quatre ans d'intervalle.

Vous voyez combien ces moines, qu'on représente volontiers aujourd'hui *perinde ac cadaver*, ont entouré le pouvoir législatif de précautions minutieuses afin de sauvegarder leurs droits et l'intérêt général.

J'admets qu'il n'était pas nécessaire de soumettre à trois législatures le projet de séparation ; mais il était indispensable d'attendre une Chambre élue avec mandat d'étudier le problème.

Telles sont les conditions d'une loi juste. Ne vous étonnez pas que les défenseurs du droit et de la liberté réclament toutes ces garanties avant de s'incliner devant la majesté de la loi. La loi et l'homme qui doit lui obéir sont trop grands et trop dignes de respect pour qu'on les dégrade l'un et l'autre, en donnant le nom auguste de loi aux caprices de quelques sectaires et en faisant d'un citoyen le jouet méprisé d'une poignée de jacobins.

Quant à moi, je subirai la force, je ne l'accep-
terai jamais ; je ne cesserai de protester contre elle
et, avec le secours de Dieu, je demeurerai toujours,
je l'espère, un libéral impénitent.

Il y a en moi quelque chose de profond et d'indestructible qui se révolte contre le despotisme, et
l'une des tristesses de ma vie est de penser que la
liberté a tant de peine à se dégager des mille liens
où la retiennent la mauvaise foi et la passion sectaire. Et ce qu'il y a de plus répugnant, c'est que,
presque toujours, le despotisme s'attaque aux
faibles. On laisse parfaitement tranquilles ceux qui
sont forts et qui montrent les dents ; on réserve les
rigueurs de ce qu'on appelle la loi contre des
femmes que l'on condamne à l'exil, contre des
hommes qui, par vocation, sont des pacifiques :
cela est odieux et lâche.

Le 29 octobre 1709, Voyer d'Argenson, lieute-
nant de police de Paris, à la tête de trois cents
archers, *prit d'assaut* un couvent de religieuses. Il
leur donna un quart d'heure pour préparer leurs
paquets et, une à une, il les fit monter dans des voi-
tures sans même leur dire où il les menait. Il con-
sentit à grand'peine à retarder jusqu'au lendemain l'expulsion de sœur Euphrasie Robert, pa-
ralytique et âgée de quatre-vingt-six ans. Il la

fit transporter à Mantes où elle mourut six jours après.

Vous vous récriez, vous vous indignez; je me récrie et je m'indigne moi aussi; mais gardons un peu d'indignation et ne l'usons pas toute contre Louis XIV expulsant les religieuses de Port-Royal des Champs.

M. Combes a fait mieux que Louis XIV. Il a expulsé des milliers de religieuses et j'en connais une, aussi âgée que sœur Euphrasie Robert, qui a été obligée, de par le bon plaisir de M. Combes, d'aller, non pas à Mantes, mais en Angleterre.

Et nous sommes en République!

Ne croyez pas, du reste, que mon indignation eût été moins sincère si les ukases de ce grotesque César avaient violé d'autres droits que ceux des moines et des religieuses. Lorsque je revendique la liberté, je n'excepte personne. Si j'aime ma liberté, j'aime aussi celle des autres, amis ou ennemis; je ne suis pas de ceux qui ont fait de la liberté un cercle fermé où l'on ne peut entrer que si l'on a le mot de passe. Cette conception jacobine n'est pas la liberté, elle est un privilège au profit d'une caste; elle est la négation du principe fondamental de la démocratie : l'égalité dans le droit. Or, le droit ne dépend du bon plaisir de personne, il est inviolable en lui-même. Avouez qu'il est étrange de voir des hommes qui se' réclament le plus bruyamment des principes de la société moderne reconstituer, à leur profit, un état de choses que l'on croyait à jamais disparu depuis la nuit historique du 4 Août.

Pour moi, je dis avec Lacordaire : « Quiconque excepte de la revendication du droit un seul homme blanc ou noir et consent à ce qu'il soit injustement lié, ne fût-ce que par un seul cheveu de sa tête, celui-là n'est pas digne de plaider la cause sacrée du genre humain. »

Il faut qu'il y ait, dans les bas-fonds de la nature humaine, de bien terribles appétits de despotisme pour que l'on en soit arrivé à regarder comme légales des mesures arbitraires qui sont une violation flagrante du droit; il faut que notre pays soit encore bien peu préparé à un régime de liberté pour que de pareils attentats n'aient pas provoqué un insurmontable dégoût.

Que les hommes de cœur s'unissent donc pour écarter des affaires publiques les ennemis de la liberté individuelle. L'intérêt général exige l'union de tous les libéraux; car, lorsque le droit d'un seul a été méconnu, le droit de tous est menacé.

## II

## LA LIBERTÉ POLITIQUE

Cher ami,

La liberté civile est la plus précieuse de toutes les libertés et, quand elle est attaquée, elle doit se défendre à l'aide d'une arme qui assure la victoire à ceux qui savent s'en servir; je veux parler de la liberté politique.

La liberté politique est la faculté qu'a tout citoyen de peser, dans la mesure de son influence, sur la direction générale des affaires du pays.

Elle est un droit par la raison bien simple que le gouvernement est *la chose publique,* c'est-à-dire la chose de tous. Faire du gouvernement l'apanage exclusif d'un groupe ou d'une secte, c'est en fausser la notion essentielle; c'est creuser, dans un territoire qui n'a d'autres limites que ses frontières, une caverne où s'enferment les conspirateurs et les despotes.

Chaque citoyen a donc le droit d'émettre son avis

sur des affaires qui sont les siennes, puisqu'elles sont celles de tous. Nous devons être excessivement jaloux de ce droit et nous avons le devoir de l'exercer sans défaillance quand nous sommes appelés à le remplir.

La vie publique est l'une des plus imposantes manifestations de l'activité humaine. C'est incontestablement un béau spectacle que celui d'un peuple discutant publiquement et au grand jour les questions qui intéressent son honneur, sa tranquillité intérieure ou extérieure, son avenir et sa gloire. Je sais bien que ces discussions sont inséparables d'une certaine agitation fébrile qui met en mouvement des passions parfois violentes, mais, tout compte fait, je préfère cette explosion de vie au calme sans honneur d'un peuple qui s'est déchargé, sur un pouvoir absolu, du poids de ses responsabilités. Du reste, le calme des peuples privés de vie politique est trompeur. Il arrive un moment où l'honneur froissé, les intérêts compromis, la vie refoulée éclatent tout à coup comme un volcan dont la lave, longtemps captive, a enfin trouvé un cratère. C'est alors un bouleversement général d'autant plus irrésistible et menaçant que le besoin de liberté aura été plus violemment comprimé.

Les peuples libres, au contraire, sont à l'abri de ces secousses, parce que la liberté politique est comme une soupape de sûreté par où s'échappent les plaintes des mécontents. La chaudière n'éclate pas parce qu'elle a trop de fissures, et parce que, d'ailleurs, la liberté permet toujours d'espérer le triomphe des revendications justes.

La vie publique exige de l'énergie, de la persévérance et un grand dévouement à la cause commune; elle suppose des efforts et des luttes qu'il faut avoir le courage d'affronter dans l'intérêt du pays. C'est un grand malheur quand des hommes intelligents, sages et consciencieux désertent l'arène où les partis se disputent la victoire et n'ont pas la force de sacrifier leur repos égoïste aux exigences d'un devoir pénible, sans doute, mais qui n'est pas sans gloire. Comme la vertu morale, la vertu civique demande des sacrifices.

Sous prétexte qu'il n'y a rien à faire, que le succès est difficile, sinon impossible, on laisse carte blanche à des violents et à des ambitieux, et l'on se plaint ensuite des coups de force dont on est la victime!

Je n'admets pas qu'un homme capable de rendre des services à sa cause et à son pays, et qui a des chances de réussir, recule devant les difficultés de l'entreprise. Eh! sans doute, il est plus commode de rester tranquillement chez soi, en laissant à d'autres le soin de s'occuper des affaires publiques; mais quand, de l'issue de la lutte, peut sortir une majorité sectaire ou une majorité libérale, je dis que déserter le combat est une lâcheté. Je ne comprends pas la défaveur qui, dans certains milieux, s'attache aux exigences de la vie politique; il dépend de nous d'en faire ce qu'elle est en réalité, un grand service public.

L'Angleterre a la gloire d'être la plus ancienne des nations de l'Europe qui ait été dotée de libertés politiques. Ses libertés datent de la célèbre Grande Charte de 1215 imposée à Jean sans Terre par les évêques et les barons. C'est grâce à elles que, sans révolutions et sans essayer de renverser le gouvernement établi, O'Connel délivra l'Église d'Irlande. Voilà une leçon que les catholiques français ne doivent pas oublier.

On croit généralement que la liberté publique date, en France, de 89 et de la Charte de 1814. C'est une erreur. Nos aïeux étaient des hommes libres dans leurs villes de consulat, dans leurs cités de communes et, pendant longtemps, ils furent convaincus que tout pouvoir résidait dans les États Généraux. Dès 1355, les États Généraux devinrent,

dit M. Guizot, « l'un des principes du droit national. » Mais, peu à peu, ces libertés furent absorbées
par la Royauté et, surtout à dater du seizième
siècle, le principe ou plutôt le fait du pouvoir
absolu l'emporta sur les libertés traditionnelles.

Quoi qu'il en soit, les avantages de la liberté sont
tellement incontestables que personne ne peut en
méconnaître le prix.

D'abord, elle fait des citoyens.

Dans un pays où le pouvoir a attiré à lui toutes
les énergies et toutes les initiatives individuelles,
quand la vie publique s'est retirée des extrémités
pour refluer vers le centre, il y a des hommes qui
vont et qui viennent, qui vaquent à leurs affaires
privées, ou qui oublient dans les plaisirs le sort de
la patrie commune; il y a une agglomération, il
n'y a pas un peuple. Ne vous parait-il pas mons-
trueux qu'un seul homme dispose à son gré du sort
de millions de ses semblables; qu'un mot fasse
courber toutes les têtes et que la crainte servile
glace d'effroi tous les cœurs? Le pouvoir absolu et
sans contrôle est un attentat perpétuel contre la
dignité humaine.

Combien est préférable et plus noble la condition d'un peuple gouverné par des lois justes faites
par lui-même ou par ses représentants; d'un peuple

dont la vie nationale est le résultat de l'activité de tous et dont les chefs responsables sont tenus de compter avec l'opinion! Sans doute, les abus de la force sont toujours possibles, même sous un pareil régime, et nous en avons aujourd'hui de lamentables exemples; mais, grâce à la liberté, il est toujours possible aussi de faire triompher la justice et le droit. Il faut, pour cela, prendre dans l'arsenal des libertés politiques, toutes les armes qu'il renferme : fonder des journaux ou soutenir généreusement ceux qui existent déjà; provoquer des réunions; créer des associations, stimuler les pétitionnements; démasquer le despotisme, flétrir les excès des sectaires, en un mot, éclairer l'opinion et faire de l'agitation légale.

Mais, et ceci est d'une importance capitale, il faut bien choisir le terrain de combat.

Les meilleures troupes seront battues, le nombre, la valeur et l'intelligence seront inutiles si, au moment de livrer la bataille, on s'est laissé enfermer dans un défilé dont l'ennemi occupe les hauteurs. Dans ces conditions, la bataille est d'avance à peu près perdue, parce qu'il suffit d'une poignée de soldats pour écraser une armée.

Or, le vrai terrain de combat, le seul où nous puissions manœuvrer à l'aise avec l'espérance de la victoire est le terrain constitutionnel. Si nous nous mettons en travers de la volonté nationale, nous nous laissons enfermer dans le défilé où la défaite est assurée. Si, au contraire, nous avons la sagesse élémentaire, à mon avis, d'entrer dans cette vaste plaine où la France tout entière, ou peu s'en faut, est réunie; si nos concitoyens sont convaincus que nous n'avons pas pris les armes pour attaquer la forme du gouvernement, mais seulement pour conquérir les libertés violées par les sectaires, alors nous avons beaucoup de chances de réussir. Nous serons peut-être battus encore une fois, car il faut reconnaitre que, souvent, nous avons mal manœuvré et qu'il faut du temps pour changer un courant d'opinions. Mais ne nous décourageons pas. Peu à peu, l'opinion nous reviendra quand on ne pourra plus douter de notre sincérité. Dans tous les cas, il n'y a pas d'autre tactique possible.

J'entends parfois les découragés, ceux qui attendent le salut de tout, excepté d'eux-mêmes, dire : Quand donc aurons-nous un sauveur!

Hé! mon Dieu, le sauveur, il est en nous; il est dans notre habileté à nous servir des moyens que nous donne la liberté; il est dans notre sagesse à ne pas frapper des coups qui se retournent contre nous; il est dans notre énergie à ne jamais abandonner le combat; il est dans la conscience que nous avons de travailler pour tous en travaillant pour nous; il est dans notre dévouement à la chose publique; il est dans notre amour inaltérable de la liberté.

L'attente d'un sauveur problématique a trop longtemps paralysé nos courages; elle nous a comme endormis dans un sommeil léthargique et, pendant que nous demeurions ensevelis dans notre torpeur, l'ennemi occupait toutes les positions, il nous acculait dans une impasse et tirait sur nous à bout portant.

Il est temps de nous réveiller.

Trop souvent, au cours de notre histoire, les honnêtes gens ont déserté le combat pour laisser la place aux autres.

Un jour, c'était en 1413, la France se débattait dans des convulsions où elle pouvait mourir. Il y avait alors aussi des hommes qui voyaient le danger, mais ils restèrent chez eux : « Les gens sages et rompus aux affaires n'avaient alors ni volonté, ni énergie politique, dit Augustin Thierry. Ils se tinrent à l'écart, et l'action resta aux exaltés. »

Qu'il n'en soit plus ainsi. Nous avons des armes

meilleures et plus solidement trempées que celles dont pouvaient user nos pères du quinzième siècle; elles sont dans l'arsenal de nos libertés publiques, il suffit d'aller les y chercher et de savoir s'en servir.

## III

## LA SÉPARATION DE L'ÉGLISE ET DE L'ÉTAT

**Cher ami,**

En principe, pour qu'un vote législatif soit revêtu du caractère auguste de loi, il doit être l'expression d'une chose juste, il faut qu'il ait en vue le bien commun et qu'il émane d'une autorité légitime, c'est-à-dire de la nation ou de ses représentants *désignés à cet effet*. En ne considérant qu'à ce dernier point de vue la valeur d'une loi, la loi de la séparation de l'Église et de l'État est nulle, et je vous disais, dans ma première lettre, que les députés qui l'ont votée ont commis un véritable abus de confiance.

Les députés, en effet, tiennent leur pouvoir des électeurs qui les ont faits ce qu'ils sont; ils doivent, par conséquent, être à la Chambre, non les serviteurs dociles d'un groupe de meneurs, mais les interprètes des vœux des électeurs, les représentants de leurs opinions et les défenseurs de leurs intérêts. On ne leur a ouvert les portes du Palais-Bourbon que pour cela.

Or, la Chambre actuelle avait-elle été élue pour aborder et résoudre le grave problème de la séparation? Non.

Mais il ne suffit pas d'examiner la question au point de vue de la valeur légale de la loi, il est nécessaire de l'étudier en elle-même. Ce que je vais dire s'applique aux trois cultes reconnus par l'État.

Avant toute autre considération, on peut dire que cette loi est la plus grosse faute politique que le gouvernement ait pu commettre.

La politique, la vraie, celle qui ne puise pas ses inspirations dans un anticléricalisme idiot et haineux, la politique sage tient compte des faits. Elle est une science; or, toute science sérieuse s'appuie sur des faits dont elle essaye de rendre raison et, si elle les néglige, elle n'est plus qu'une divagation plus ou moins ingénieuse qui ne repose sur aucune base solide.

La politique, celle qui est une science et non une passion, tient donc compte des faits. Or, parmi tous les faits qui sollicitent son étude et ses soins, le fait religieux est le plus important, le plus universel, le plus indestructible. Je sais bien que quelques-uns des profonds penseurs qui pérorent dans les couloirs de la Chambre et même à la tribune accueillent avec un dédain superbe quiconque affirme l'importance du fait religieux. Mais leur dédain ne suffit pas pour transformer en chimère une réalité puissante. Nier ce qui gêne n'est pas un procédé très scientifique. Le fait religieux se dresse dans l'histoire comme les pyramides dans les sables d'Égypte, et il suffit d'un peu de réflexion pour se convaincre que, pendant des siècles, il a dominé l'humanité.

On l'accorde volontiers pour le passé, car, ici, la négation est absolument impossible ; mais on prend sa revanche quand il s'agit du présent et on dit : « La religion se meurt et, dans quelques années, il n'en sera plus question. »

Je connais ces prophéties, elles ne sont pas une nouveauté, et ceux qui les colportent devraient un peu varier la formule. Au dix-huitième siècle, elle était la monnaie courante de ces beaux esprits qui s'apprêtaient si gaiement à assister aux funérailles du christianisme. Et le christianisme n'est pas encore mort. — Soit, mais il est si malade ! — Oui, il est malade, il est peut-être même mort dans le cœur de ceux qui se targuent de leur incrédulité comme d'un brevet de supériorité intellectuelle, mais il est vivant et bien vivant dans les traditions, dans les habitudes, dans les douleurs et les espérances du grand nombre; il est vivant dans les convictions d'hommes dont l'intelligence vaut bien celle des libres-penseurs.

Toutes les négations intéressées de nos jacobins n'y feront rien, elles ne détruiront pas l'importance du fait religieux.

Et voilà qu'un gouvernement vient dire : « Je ne le connais pas et je ne veux pas le connaître! » C'est le comble de la folie.

C'est aussi un mépris des droits de la conscience.

On ne me contestera pas, je l'espère, et l'on ne contestera à aucun citoyen le droit de croire. Or, le devoir strict du gouvernement est de protéger tous les droits, le droit à la foi, comme le droit à la propriété, le droit à la vie, etc.

S'il y a des juges et des gendarmes, c'est pour protéger la propriété et la vie de chacun. Or, le droit à la foi suppose des prêtres, des églises, un culte sans lesquels le droit est illusoire. Le devoir de l'État est donc de mettre à ma disposition des églises et des prêtres, sinon il commet une violation flagrante d'un droit sacré.

Qu'on ne dise pas : la foi est d'ordre privé, par conséquent, l'État n'a pas à s'en occuper. — C'est vrai, l'État n'a pas à s'occuper de la foi pour l'imposer, mais il a à s'en occuper pour fournir aux croyants tout ce qui est nécessaire à la pratique de leur foi.

La propriété est, elle aussi, d'ordre privé, et cependant l'État paye des gendarmes et des juges pour la protéger. Pour les croyants, la foi n'est-elle pas plus précieuse qu'un champ de blé? Si donc vous avez des gendarmes pour garder mon champ, vour devez avoir des prêtres pour que je puisse pratiquer ma foi. Par rapport à l'État, la religion est, ou du moins doit être, un des éléments essentiels de la vie sociale; il doit, par conséquent, se comporter à son égard comme envers tous les services publics et s'acquitter de son devoir comme lorsqu'il s'agit de la propriété des citoyens.

C'est un grossier sophisme que de plaider, *sous ce rapport*, l'incompétence de l'État.

Certes, personne plus que moi n'est un adversaire résolu de l'ingérence du pouvoir civil dans les affaires religieuses : je trouve odieuse la prétention qu'on avait autrefois d'imposer au clergé la déclaration de 1682, et je pense que Joseph II était ridicule et odieux quand il fixait le nombre des cierges que les prêtres de ses États devaient mettre sur les autels; mais vous comprenez fort bien que telle n'est pas la question. Il ne s'agit pas, en effet, de confier l'encensoir à des préfets, il s'agit de savoir si, fournir aux croyants tout ce qui est nécessaire à l'exercice en public de leur foi, est un devoir de l'État. Or, la question ne fait pas un doute. Oui, l'État a ce devoir et, quand il y manque, il viole mon droit.

Que penserait-on d'un gouvernement qui dirait aux propriétaires : « Désormais, vous garderez vos champs comme vous l'entendrez; moi je ne m'en occupe plus et je supprime les gendarmes; si vous en voulez, payez-les. »

C'est exactement, mais dans un ordre d'idées infiniment supérieur, ce qu'a fait la Chambre quand elle a voté la loi de séparation. Elle a mis à la charge des contribuables les frais d'un service public qui incombent à l'État.

Cette méconnaissance criminelle du droit des croyants n'est pas tout. Ceux qui l'ont votée ne fréquentent pas assidûment les églises et la nature humaine est ainsi faite qu'on sacrifie volontiers ce qui ne nous touche pas personnellement; mais ce qui me confond, c'est la précipitation et l'aveuglement qu'on a mis à sacrifier un droit concédé à l'État.

De tout temps et partout, le pouvoir civil a eu

une tendance très marquée à s'occuper des choses religieuses. Il a même poussé souvent cette tendance si loin que, sans les résistances des papes, les chefs d'État auraient confisqué l'idée religieuse au profit du pouvoir civil. Il ne faut pas s'étonner outre mesure de ces tentatives perpétuelles d'usurpation; il est dans la nature du pouvoir de reculer toujours les limites de son influence. Être roi, c'est très bien; être à la fois Roi et Pontife, ce serait encore mieux. Mais, ici, le pouvoir civil rencontre un obstacle : l'Église toujours inflexible quand il s'agit des droits de la conscience et de Dieu. Les conflits sont donc souvent possibles entre les deux puissances et, pour y remédier, on a imaginé des traités qui fixent, sur des questions mixtes où la foi n'est pas engagée, les attributions des deux pouvoirs.

Or, le traité de 1801 accorde au gouvernement un droit d'une importance capitale, le droit des nominations épiscopales. Je me hâte d'ajouter que ce droit laisse absolument intact celui du Saint-Siège, à qui seul appartient l'investiture canonique, de telle sorte qu'un prêtre nommé évêque par le gouvernement demeure simple prêtre tant qu'il n'a pas reçu l'investiture pontificale. Mais le mot *nommer*, simplement, étant dans la lettre du Concordat, le gouvernement tenait énormément à ce que la formule ne fut pas changée. Vous vous souvenez de l'interminable conflit au sujet du *nominavit nobis*. Pendant près de deux ans, le Conseil d'État a refusé d'enregistrer deux Bulles parce, que au *nominavit*, on avait ajouté le *nobis*. Il disait que le *nobis* était comme une restriction du *nominavit* et, par conséquent, une atteinte à son droit concordataire.

Je rappelle ces discussions uniquement pour prouver à quel point le gouvernement tenait, il n'y a pas bien longtemps encore, au droit à lui reconnu par le Concordat.

Et voilà que, tout à coup, avec un désintéressement étrange, le gouvernement abandonne le *nominavit*, non seulement pour deux bulles, mais pour toutes et pour toujours!

Que s'est-il donc passé?

Il s'est passé une chose misérable. Pendant tout son ministère, M. Combes a vécu en mangeant des moines; quand il se sentait menacé, il évoquait le spectre monacal, et la majorité effrayée se rangeait derrière lui comme un petit garçon auquel on a montré croquemitaine. Mais le jeu commençait à s'user, la manœuvre ne pouvait pas réussir toujours, d'autant plus que M. Combes n'avait plus un seul moine à se mettre sous la dent. Il fallait cependant, à tout prix, trouver autre chose, car il paraît qu'on est très bien logé place Beauvau. Alors M. Combes a imaginé l'abrogation du Concordat; car, en dehors de la guerre religieuse, il n'y a pas une idée dans cette tête de fantoche.

Oui, c'est pour prolonger son existence ministérielle que M. Combes a lancé le projet de la séparation de l'Église et de l'État; les hommes qui connaissent le mieux les dessous de cette politique néfaste ne se gênent pas pour le dire.

Voilà ce qui s'est passé. Avouez que c'est bien misérable. Lancer le pays dans une aventure dont personne ne peut prévoir l'issue pour se cramponner au pouvoir, quelle triste besogne et quelle pitié!

Les motifs qui ont groupé une majorité autour de ce projet de malheur ne sont pas plus honorables. Ces motifs sont : pour quelques-uns, la haine; pour le plus grand nombre, la peur.

Il y a des hommes qui haïssent l'Église parce qu'elle les gêne. Elle les gêne avec sa morale qui condamne leur vie, avec ses dogmes qu'ils ne peuvent pas anéantir, avec son empire sur les intelligences dont ils aspirent à prendre la direction. Elle est une rivale d'autant plus détestée qu'elle occupe une place plus enviée.

Les pontifes de la libre-pensée savent très bien que les hommes vraiment intelligents et au courant des problèmes philosophiques ne prennent pas au sérieux leur religion de l'avenir, leur déification de l'humanité, leurs tentatives désespérées pour faire mieux que l'Évangile ; c'est précisément ce qui les humilie et l'orgueil froissé se change en une haine féroce. Ils se vengent en essayant de tuer ce qu'ils ne peuvent pas égaler : voilà le secret de leur haine contre l'Église. Comme ils n'ont pas la moindre idée de ce qui fait la force de l'Église, ils se sont imaginé qu'elle résidait dans le Concordat. Partant de là, leur raisonnement a été très simple ; ils ont dit : « Supprimons le Concordat et l'édifice tombera de lui-même. »

D'autres, c'est le plus grand nombre, ont eu peur. Ils ont eu peur de passer pour des républicains tièdes, presque pour des réactionnaires. Ils ont été terrorisés par les violents qui ont l'audace d'accaparer pour eux seuls le zèle républicain qui, d'après eux, se mesure selon le plus ou moins d'intensité de fureur jacobine et de haine antireligieuse. On n'est républicain qu'à la condition de manger du curé et, la loi de séparation étant une occasion unique d'en faire un plat gigantesque, le vrai républicain ne pouvait pas hésiter.

Alors on a voté, la mort dans l'âme, avec la conviction qu'on faisait une sottise énorme, mais on a voté pour ne pas être excommunié, pour ne pas être mis *à l'index*, pour donner des preuves d'un républicanisme sans faiblesse.

Ne croyez pas que je plaisante : c'est l'exacte vérité. Un gros personnage du Bloc disait à un haut fonctionnaire : « Si vous êtes pour le Concordat, vous trahissez la République. »

Un jour, M. Combes, ne se doutant pas qu'il y avait tout près de lui une oreille indiscrète, dit, dans un groupe d'amis : « Je déclarerai que quiconque sera contre la loi de séparation n'est pas républicain. »

Non, je ne me trompe pas quand j'affirme que l'abrogation du Concordat est l'œuvre de la haine et de la peur.

L'Église sortira victorieuse de l'épreuve, cela ne fait pas l'ombre d'un doute. Elle aura, il est vrai, des heures dures à passer au point de vue matériel, mais on ne la réduit pas en essayant de la prendre par la faim. Les liens seront plus étroits entre les fidèles et leurs pasteurs et entre les pasteurs et le Saint-Siège; l'Église aura pour elle les nobles cœurs que révoltent les tracasseries indignes dont elle est l'objet; la foi endormie se réveillera

3

dans les âmes qui feront retomber tout le poids de leurs mépris sur les violents et sur les lâches.

Et l'on vient nous dire que la séparation est une loi de liberté! Non, elle est une loi de haine, de peur et d'aveuglement politique.

D'abord, quand même elle serait une loi de liberté (et cela n'est pas), elle serait toujours une mesure inqualifiable.

Comment? voilà un grand pays comme la France qui affirme officiellement que les affaires religieuses ne le regardent pas! Nous sommes le seul peuple pris de cet inconcevable vertige. Toutes les autres nations comprennent trop bien l'importance sociale de l'idée religieuse pour l'écarter dédaigneusement comme un objet dont il ne vaut pas la peine de s'occuper. Toutes comprennent la grandeur du fait catholique et cherchent à attirer à elles l'influence dont il jouit dans le monde. Nous laissons tomber de nos mains un levier trop puissant pour que d'autres n'essayent pas de le ramasser et de s'en servir.

Qu'on ne cite pas l'exemple des États-Unis. Aux États-Unis, l'Église et l'État sont étroitement liés dans une commune bienveillance et une sympathie réciproque. La grande république a non seulement réalisé la formule célèbre : *l'Église libre dans*

*l'État libre*, mais, de plus, elle entoure l'Église
d'une sollicitude éclairée, elle la regarde comme
un précieux auxiliaire, elle la traite comme doivent
le faire des hommes d'État intelligents. Aussi,
évêques et prêtres Américains se félicitent-ils de
leurs rapports avec le gouvernement, tandis que
la situation de l'Église en France leur inspire une
juste et profonde pitié.

Depuis quelques années toute l'activité politique
de la France a été absorbée par de misérables
querelles religieuses, et on croirait que l'unique
préoccupation de nos hommes d'État a été de
semer la division en agitant sans cesse les questions les plus irritantes. Nos députés étaient tellement fascinés par ces querelles bysantines qu'ils
n'apercevaient pas les nuages noirs dont l'horizon
se chargeait. Le coup de tonnerre qui a failli
éclater ne leur a pas encore appris qu'il y avait
autre chose à faire et que la guerre religieuse était
une mauvaise préparation à une autre guerre où
il ne s'agirait pas, cette fois, d'avoir mangé quelques douzaines de curés pour sortir vainqueurs de
la lutte.

Il y aurait encore d'autres considérations à
développer au sujet de cette loi maudite, mais ma
lettre est déjà longue et, d'ailleurs, le sujet a été si

souvent traité qu'il est inutile de répéter ce que d'autres ont déjà si bien dit.

Cependant, je ne puis pas laisser passer sans les relever les paroles prononcées naguère par un député blocard, président d'un conseil général.

Il a dit : « Elle (la loi) ne saurait être attaquée que par ceux qui veulent que l'État soit au service des Églises, que par ceux qui veulent assurer la domination du clergé sur la société civile, ou par ceux qui veulent faire du clergé l'instrument de leurs desseins politiques. » Voilà un homme qui a été ministre, plusieurs fois même, si je ne me trompe, et qui devrait trouver autre chose que des sonorités creuses.

Il divise les adversaires de la loi en trois catégories :

1° Ceux qui veulent que l'État soit au service des Églises.

Je fais observer d'abord que l'État, par sa nature même, est au service de tous les citoyens. Pourquoi donc l'État a-t-il été créé et mis au monde, si ce n'est pour servir? L'État est-il je ne sais quelle divinité qui plane au-dessus des humbles mortels et dont la grande occupation doit être de humer cet encens qu'on lui offre sous forme de millions en espèces sonnantes? Ah! si l'État s'appelait

Louis XIV, comme tous ces républicains de surface
lui rappelleraient son rôle de serviteur de tous!
Mais parce que l'État, c'est eux, ils pensent que
les pouvoirs publics ont rempli toutes leurs obli-
gations quand ils ont servi les frères et amis; quant
aux autres, ils doivent s'estimer heureux que
l'État daigne accepter leurs offrandes forcées sans
se préoccuper des services qu'ils ont le droit
d'exiger. Mais les devoirs de l'État ne changent
pas avec les noms, ils sont toujours les mêmes et,
surtout en république, ils doivent être remplis avec
la plus scrupuleuse exactitude.

Vous comprenez bien qu'il ne s'agit pas, dans
l'espèce, de faire de l'État une sorte de sacristain
aux ordres de l'Église; il s'agit seulement de l'application à un cas particulier de la maxime fondamentale : *l'État est la force publique au service de
tous.*

Croyez-vous qu'il soit permis à l'État de supprimer, par exemple, le service public des postes
et de me forcer, quand je veux écrire de Paris à
Marseille, à porter ma lettre moi-même? Où en
serions-nous si l'on admettait, en principe, que
l'État n'est pas le serviteur de tous?

Par conséquent, quand on reproche aux adversaires de la loi de séparation d'exiger que l'État

soit au service des Églises, on leur reproche de professer une doctrine éminemment démocratique et républicaine. Nos jacobins ne l'entendent pas ainsi, parce que le jacobin est tout juste le contraire d'un républicain.

2° On accuse les adversaires de la loi de vouloir assurer la domination du clergé sur la société civile.

Je vous affirme que, s'il en était ainsi, si le Concordat assurait la domination du clergé sur la société civile, il n'aurait pas d'ennemi plus résolu que moi. Je suis si profondément convaincu des dangers que ferait courir à l'Église de France la domination politique du clergé que je repousse avec toute l'énergie dont je suis capable la seule pensée de ce que l'on appelle *le gouvernement des curés*. Notre influence, la seule à laquelle nous devions aspirer, c'est-à-dire l'influence religieuse et morale, serait à jamais perdue si nous avions la prétention de peser sur la direction politique du pays; si nous devenions les agents actifs d'un parti; si notre soutane déguisait mal un costume de fonctionnaire.

Nous ne voulons pas dominer la société civile, nous voulons la servir. Notre royaume n'est pas de ce monde et, sans abdiquer nos droits de citoyens, nous n'abandonnerons pas nos autels pour aller compromettre la dignité de notre caractère sacerdotal dans des milieux où nous ne sommes pas à notre place.

Mais vous comprenez que le maintien ou l'abrogation du Concordat n'a rien à voir ici. Si, en effet, le Concordat assure la domination du clergé, il suit de là, nécessairement, que la société civile a été dominée par le clergé pendant toute la durée du Concordat; que, sans remonter plus loin, la société civile a été dominée par le clergé pendant les vingt dernières années et que, malgré leurs airs de gens émancipés, tous les ministres qui ont gouverné depuis cette époque ont été, sans s'en douter, à coup sûr, sous la domination du clergé.

Avouez, cher ami, que cela n'est pas sérieux. Je crois, au contraire, que le Concordat favoriserait plutôt la domination de la société civile sur le clergé; c'est même pour cela que Lacordaire, dans les fougueux articles de *l'Avenir*, réclamait si éloquemment la suppression du budget des cultes. C'est donc se moquer du monde que d'accuser les partisans du Concordat de rêver la domination du clergé sur la société civile.

3° On prétend enfin que les défenseurs du Concordat veulent faire du clergé l'instrument de leurs desseins politiques.

Dieu garde le clergé d'être l'instrument des desseins politiques de qui que ce soit! Mais il est clair que ceux qui voudraient l'exploiter au profit de leurs desseins auront une tâche plus facile lorsque l'État aura brisé tous les liens entre le clergé et lui. Si le clergé est, dans une certaine mesure, entre les mains de l'État qui le fait vivre; après le Concordat, il dépendra, dans une certaine mesure aussi, de ceux dont les largesses remplaceront le budget des cultes; de sorte que, si l'on veut en faire un instrument politique, loin de défendre le Concordat, on doit, au contraire, en souhaiter l'abrogation.

Décidément, cet ancien ministre n'est pas fort; il aurait pu inventer d'autres raisons avant d'accuser les défenseurs du Concordat de méditer d'aussi noirs complots.

Ceux qui s'applaudissent le plus de la loi de séparation sont les ennemis acharnés de l'Église, cela seul nous suffit et prouve qu'elle est une loi de haine; mais, malgré notre juste indignation, il faut soigneusement éviter le piège dans lequel ils espèrent nous voir tomber. Ils espèrent que les catholiques exaspérés vont marcher à l'assaut de la République, faire cause commune avec les adversaires irréconciliables du régime, et ils triompheront en disant : « Nous avons bien raison de les traiter en ennemis; en les attaquant, nous défendons la République. »

Leur secret désir est de nous voir faire cette fausse manœuvre et de nous attirer sur un terrain où notre défaite serait assurée. Nous ne serons ni assez naïfs pour nous laisser prendre à ce piège grossier, ni assez imprudents pour faire le jeu de nos adversaires. Nous resterons donc, pour la défense des intérêts religieux, sur le terrain constitutionnel; mais là, avec les seules armes de la liberté, nous livrerons une bataille acharnée; nous emploierons tous les moyens que la liberté nous donne; nous mènerons une campagne ardente sans trève ni merci et nous nous efforcerons d'arracher à la vie publique ces hommes qui ont abusé de la confiance du pays. Nous serons d'autant plus forts et nous aurons d'autant plus droit de compter sur le succès, qu'on ne pourra pas se méprendre sur nos intentions et qu'on verra en nous des hommes qui veulent faire de la République ce qu'elle aurait dû être toujours : un régime de paix sociale et de liberté.

Ne sommes-nous pas libres de voter pour qui bon nous semble, et les jacobins auraient-ils la prétention de s'imposer à nos suffrages?

# IV

## UN PARTI CATHOLIQUE

**Cher ami,**

Quand des hommes sont attaqués dans leurs convictions les plus chères, leur premier mouvement est de riposter et de rendre coup pour coup. Mais il ne suffit pas de donner des coups souvent maladroits, cela ne fait qu'irriter l'adversaire et ne le met pas dans l'impuissance de nuire. On crie beaucoup, on se démène, on s'agite, on descend même jusqu'à l'injure qui ne prouve rien et, en définitive, on est toujours battu. Ensuite on se plaint, on gémit, on se désespère, ce qui n'avance pas à grand'chose, et on exhale sa colère dans ces diatribes qui sont l'argument favori des polémiques contemporaines. Quand on a bien dit et répété les gros mots de canaille, de traître, de vendu, de sacripant, etc., etc., on croit avoir combattu le bon combat et servi la bonne cause.

Je me permets de penser qu'il y a autre chose à

faire. Les moyens dont je viens de parler ne sont pas dignes de nous; les résultats en ont été plutôt médiocres; il est donc urgent d'en trouver de meilleurs.

Faut-il former un parti catholique? Je réponds sans hésiter : *non*, et voici les raisons sur lesquelles j'appuie mon opinion.

D'abord, la foi catholique n'est pas et ne peut pas être le drapeau d'un parti politique. Le catholicisme est une croyance religieuse qui plane en dehors et au-dessus de tous les partis; ce serait le rabaisser singulièrement que d'en faire le thème d'un programme électoral. Il y a, dans la nature même des choses, des convenances qui s'imposent, et il me semble que l'on commettrait une sorte de profanation si on mêlait aux agitations de la terre ce qui ne doit jamais quitter les régions calmes du ciel.

D'ailleurs, l'épithète de catholique n'a aucune signification politique, puisqu'il y a des catholiques républicains et des catholiques royalistes. En nous présentant devant le pays sous la dénomination de catholiques, nous ne lui apprendrions rien de nos opinions politiques qu'il a le droit de connaître quand nous sollicitons sa confiance.

La formation d'un parti catholique serait, pour

l'Église de France à l'heure actuelle, le plus grave danger qui puisse la menacer, car ce serait identifier la religion et la politique, c'est-à-dire exposer l'Église à toutes les vicissitudes d'une lutte dans laquelle même les victoires la mettraient en péril. Ce serait reconstituer, sous une autre forme et sous d'autres noms, une alliance qui nous a coûté cher, l'alliance du trône et de l'autel. Dès lors, toute opposition politique deviendrait opposition religieuse et les coups que nous recevrions seraient autant de blessures pour l'Église.

On ne forme un parti que dans l'espérance d'arriver au pouvoir, sans cela, autant vaut rester chez soi et ne pas se mêler des affaires publiques. Eh bien ! supposons (et c'est une supposition assurément fort gratuite), supposons que le parti catholique triomphe, que ferait-il au pouvoir? Appliquerait-il ses doctrines confessionnelles? Gouvernerait-il en *tant que parti catholique?* Mais alors il devrait rééditer, par exemple, la loi contre le sacrilège, loi qui, sous la Restauration, jeta tant de discrédit sur l'Église et sur les catholiques. Ce serait, en France, humainement parlant, la fin de l'Église. Voudrions-nous l'exposer à de pareils désastres? Voudrions-nous déchaîner contre elle une opposition formidable à laquelle se joindraient même des catholiques qui tiendraient à ne pas se solidariser avec des hommes aussi ignorants des exigences et des nécessités des temps? Dans l'intérêt de l'Église, Dieu nous garde d'un pareil aveuglement!

La création d'un parti catholique serait donc une imprudence formidable; j'ajoute qu'elle est une impossibilité.

Pour former un parti, il faut un chef, des soldats et une idée commune au chef et aux soldats.

Quel serait le chef du parti catholique? Assurément il y a, parmi nous, des hommes éminents et qui rendent de grands services à l'Église, mais je suis certain que pas un n'assumerait la responsabilité de former un parti catholique et de se mettre à sa tête. Ils savent trop bien que cette mesure serait impolitique, parce qu'on pourrait les accuser de vouloir ressusciter les anciens partis d'opposition.

Quels éléments entreraient dans les rangs du nouveau parti?

Puisque ce serait un parti catholique, il devrait évidemment être formé de catholiques. Il faudrait donc demander à ses adhérents une profession de foi religieuse, s'informer si la pratique est conforme à la croyance et se livrer à une inquisition odieuse. Cela est impossible. Mais la plus grosse difficulté serait de trouver un terrain de conciliation, une idée commune entre les chefs et les soldats. Or, en dehors de notre *credo* confessionnel, il y a parmi nous de telles divergences qu'il ne faut pas essayer de trouver l'idée commune nécessaire à la constitution d'un parti. Ce sont précisément ces divisions qui nous ont affaiblis en face de l'ennemi commun. Je prends comme exemple *le ralliement*. Léon XIII demandait aux catholiques de France une chose très simple et qui, à mon avis, s'imposait : accepter le gouvernement établi. On sait ce qui en est advenu. Et, cependant, le pape ne faisait que rappeler la doctrine et la tradition chrétiennes sur le devoir des catholiques envers la puissance civile. On a parlé de *la politique* de Léon XIII; le mot est impropre. Léon XIII n'avait pas de politique personnelle, mais comme il était le gardien de la doctrine, il l'a rappelée, et comme il voyait que les catholiques de France faisaient fausse route, il les a avertis. Beaucoup ne l'ont pas écouté. Croyez-vous qu'ils écouteraient mieux un chef qui n'aurait ni le génie ni l'autorité de Léon XIII?

Vous le voyez, de quelque côté que l'on examine la question, on est obligé de conclure que la formation d'un parti catholique est une impossibilité absolue. Je ne le regrette pas.

Je n'ai pas à examiner si, ailleurs, le moyen a réussi et a produit des résultats heureux; je ne m'occupe que de la France.

Cependant, n'y a-t-il rien à faire? A Dieu ne plaise! Et je vais vous dire comment je comprends, à l'heure où nous sommes, la défense religieuse.

Au fond, il n'y a, en France, que deux partis politiques, les libéraux et les césariens : les libéraux, qui veulent la liberté pour eux et pour les autres, et les césariens qui veulent la liberté pour eux seulement.

Le césarien est toujours prêt à invoquer l'omnipotence de l'État et à se servir de sa force pour immoler le droit de l'individu qui ne pense pas comme lui. Pour le césarien arrivé au pouvoir, l'État est quelque chose d'intangible et de sacré, la raison d'État prime tout, il n'y a pas de droits en dehors de ceux que l'État veut bien octroyer; tout doit se courber et même s'anéantir devant l'idole qui distribue à son gré les faveurs ou les châtiments, et, quoiqu'il fasse, l'État a toujours raison parce qu'il est la force.

Le césarien change de costume et de nom suivant les époques, mais le tempérament est tou-

jours le même. Aujourd'hui, il n'a plus la brillante
livrée des courtisans du Roy; il porte un costume
plus démocratique et il s'appelle le Bloc. Mais ne
vous y trompez pas, la chose est absolument la
même. Il y a cependant une différence. Autrefois
les césariens ne parlaient pas beaucoup de liberté;
ils disaient tout simplement : « Le Roy mon maître
vous prie de passer à la Bastille... » Aujourd'hui
on a changé la formule, et c'est bien le moins qu'on
puisse faire pour affirmer les progrès de la liberté.
On dit : « L'intérêt de l'État exige qu'il n'y ait plus
de moines en France » et le tour est joué.

L'un des hommes en qui l'esprit jacobin s'épa-
nouit avec le plus d'ampleur écrivait ces jours der-
niers : « Il n'y a pas, en France, un catholique qui
ne soit libre. » Et cet homme est de ceux qui ont
mis le plus d'acharnement à condamner à l'exil des
milliers de citoyens qui, pour rester fidèles à la vie
qu'ils avaient librement choisie, ont dû passer la
frontière. Je suis absolument convaincu que ce
parfait blocard blêmit de colère en pensant à la
révocation de l'édit de Nantes !

A côté de ces grands coups dont le césarisme
actuel frappe ceux qui ont le malheur de lui
déplaire, il se manifeste tous les jours, dans les
mille détails de la vie, par une intolérance farouche.

Ici, c'est un conseil municipal qui décrète le renversement d'une croix; ailleurs, un autre interdit les processions, parfois malgré les protestations des cultes dissidents qui ne veulent pas s'associer à sa haine stupide. Malheur au fonctionnaire qui mettrait le pied dans une église; le césarien se tient à la porte et il veille au salut de la République, qui serait évidemment perdue si un sous-préfet allait à la messe. Les sœurs soignent très bien les malades dans les hôpitaux. Qu'importe! leur présence est une menace pour la liberté de conscience; laïcisons à outrance pour sauver le principe.

Et ces hommes, dont les maximes et la pratique sont le contre-pied de l'idée républicaine, ont la prétention d'être les seuls vrais républicains!

Grâce à ce mensonge soutenu avec une audace imperturbable, les jacobins ont grossi leur armée d'une foule de gens que leur tempérament inclinerait plutôt vers la modération, mais qui redoutent les anathèmes et les excommunications des partis avancés. Les excommunications sont, en effet, à l'ordre du jour, car ces terribles pourfendeurs du *Syllabus* rendraient des points à l'Inquisition. Il se fait alors une surenchère de jacobinisme; c'est à qui se prononcera avec le plus de violence pour l'arbitraire et l'intolérance et, moins on est vrai républicain, plus on affichera de zèle pour la défense de la République.

Un journal allemand, *la Gazette de la Croix*, après avoir dit, avec raison, que nos jacobins « combattent le christianisme comme tel », ajoute : « tout cela ne saurait être de longue durée. »

Sans doute, tout cela ne saurait être de longue durée, mais cela a duré trop longtemps. Quel est donc le moyen le plus efficace pour faire cesser cette guerre impie?

Il y a, grâce à Dieu, des hommes dont les pensées, les intentions et les actes sont diamétralement contraires aux pensées, aux intentions et aux actes des jacobins; des hommes qui ne revendiquent pas la liberté quand ils sont dans l'opposition pour pratiquer l'arbitraire quand ils seront au pouvoir. Il y a des hommes qui, toujours fidèles à eux-mêmes, ont au plus profond de leur âme le culte de la liberté. Ils savent qu'un régime politique n'a de valeur que dans la mesure où il garantit la liberté et les droits de tous, et que la liberté exclusive est un privilège incompatible avec les devoirs de l'État, dont la raison d'être est précisément la sauvegarde des droits de tous, amis ou ennemis. Ils ne veulent pas que la République soit un mot, ils veulent en faire une réalité; ils ne croient pas que la guerre religieuse soit un aliment indispensable à la vie politique d'un pays; ils pensent que l'anticléricalisme est usé; que des intérêts plus haut réclament la sollicitude des hommes d'État et qu'il est temps de s'occuper de la France.

Eh bien! les catholiques doivent se grouper autour de ces hommes, les soutenir dans leurs luttes, et les aider à délivrer le pays de l'oppression jacobine. C'est par leur alliance sincère avec les républicains libéraux que les catholiques pourront reconquérir leurs droits et leurs libertés.

Ils ne peuvent réussir qu'en combattant dans les rangs des libéraux dont la sincérité républicaine est indiscutable; qu'en persuadant au pays que leur victoire ne sera pas la chute de la République, mais le triomphe de leur foi par la liberté.

Il n'y aura donc pas de parti catholique, mais, contre le Bloc jacobin et pour arrêter son œuvre de désorganisation sociale, il y aura un Bloc libéral formé de tous ceux qui assureront, par la liberté, la paix civile et le bon renom de la France.

# V

## LE CLÉRICALISME

**Cher ami,**

On dit que nous sommes un peuple intelligent. Je veux bien le croire, car cela flatte agréablement l'amour-propre national. Et pourtant il me vient parfois des doutes cruels quand je constate la facilité avec laquelle nous nous payons de mots. O piperie des mots! disait notre Montaigne. Nous avons un esprit alerte, nous saisissons vite, mais nous n'allons pas assez au fond des choses, nous nous tenons à la surface et nous nous laissons duper par des formules. Alors, nous nous emballons et on ne peut plus nous arrêter.

Oui, nous nous laissons mener par des mots. Quand le mot fatidique est trouvé, il n'y a plus qu'à le répéter à satiété; il produit toujours son effet.

Les jacobins ont exploité avec habileté ce travers du tempérament national; ils ont trouvé un mot qui dit tout, qui sert à tout, et qui dispense de tout. Quand ils veulent discréditer un homme qui les gêne ou un parti qui ne leur laisse pas la tranquille possession du pouvoir, ils crient au cléricalisme comme on crie au feu, et ils conjurent *les purs* de s'opposer aux progrès de l'incendie. Quand on leur reproche d'avoir relégué à l'arrière-plan des réformes solennellement promises et impatiemment attendues, ils répondent qu'ils sont allés au plus pressé et qu'il fallait, avant tout, arrêter le flot montant de la réaction cléricale. Et les badauds, ceux qui se payent de mots, disent avec conviction : « C'est vrai! le cléricalisme allait tout emporter; sans l'énergie de ces hommes, nous étions perdus. »

Vous êtes-vous arrêté quelquefois devant les tréteaux d'une baraque de foire quand le pitre débite son boniment? C'est un spectacle très instructif; on peut faire là des études de mœurs fort intéressantes et j'avoue que souvent je me suis livré à cette étude prise sur le vif.

On est confondu de la prodigieuse naïveté du public. Je reconnais que ce public n'est pas soigneusement trié sur le volet; mais enfin, tel qu'il est, il se compose d'électeurs. Ils sont tout yeux et tout oreilles; ils sont comme fascinés par les merveilles invraisemblables qu'on leur promet, et, plus c'est fort, mieux ils écoutent. Et le pitre qui connait son monde parle avec une assurance imperturbable; il renchérit sur le voisin et, en définitive, il réussit, puisqu'il vit de la crédulité publique.

Mais, tous les pitres ne sont pas à la foire : il y en a ailleurs qui annoncent le grand combat contre l'hydre toujours menaçante du cléricalisme et, à grands coups de grosses caisses, ils invitent le public à entrer dans leur baraque.

Il n'y a qu'un malheur; c'est que l'hydre redoutable est tout simplement un mannequin fabriqué par le pitre lui-même.

Qu'est-ce, en effet, que le cléricalisme? C'est la domination politique du clergé; c'est l'influence du clergé sur la direction des affaires du pays.

Je le demande à tout homme sérieux, à tout homme qui ne veut pas berner le public : le clergé a-t-il aujourd'hui la moindre influence politique? Hé quoi! le clergé traqué par toute la meute jacobine qui lui enlève jusqu'à son pain de chaque jour; le clergé vilipendé par des insulteurs de bas étage et obligé de dévorer les affronts dont on l'abreuve; le clergé que l'on voudrait mettre hors la loi pour en faire une caste de parias, le clergé serait une menace pour l'indépendance politique de l'État!

En vérité, cela dépasse toute mesure et l'effronterie des pitres n'a d'égale que la crédulité du public.

Personne ne veut du cléricalisme; ni le clergé, ni encore moins les hommes politiques qui le défendent.

Le clergé a trop conscience des difficultés de sa mission et des moyens dont il doit user pour la remplir; il connaît trop bien son temps pour désirer un pouvoir qui ruinerait à jamais la seule influence à laquelle il puisse prétendre. Le clergé aspire à gagner les âmes par l'ardeur de sa foi, par son dévouement, par l'exemple de sa vie, et il sait que son ingérence dans la politique serait la fin de sa mission surnaturelle.

Et c'est précisément parce que l'on sait que personne n'en veut et que nulle accusation n'est mieux faite pour discréditer des rivaux dangereux, c'est pour cela qu'on agite le spectre du cléricalisme et qu'on englobe, dans la même malédiction de réaction cléricale, tous ceux dont on redoute l'influence et dont on craint le succès.

C'est une manœuvre malhonnête.

On vise les libéraux, on en a peur. Les jacobins sentent qu'ils ont tellement abusé de la patience du pays qu'il leur faut, à tout prix, pour conserver ou reprendre le pouvoir, écarter le seul obstacle qui peut leur barrer la route. Comment faire? Se présentera-t-on devant les électeurs à visage découvert, avec un programme nettement défini? Leur dira-t-on : « Nous sommes la violence, l'arbitraire et la haine? » On se gardera bien de tenir ce langage qui aurait au moins le mérite de la franchise. Ah! non, mais on dira : « Nous sommes les champions infatigables des droits de l'État laïque et de la libre-pensée; nous nous opposerons aux envahissements de la *théocratie* et nous lutterons pour l'affranchissement des consciences; nous voulons une République purifiée de toutes les *superstitions*. Mais nous sommes menacés dans ce travail d'émancipation. Le cléricalisme lève la tête; il a gagné même des hommes que l'on voyait autrefois dans les rangs des républicains. Ils ont capitulé, ils se sont laissé gagner par la lèpre cléricale; la République ne peut plus compter sur eux. »

Et l'on débitera ce boniment inepte avec la rage qu'inspirent le pouvoir perdu et le désir furieux de le reprendre.

Mettons les choses au point.

Il n'y a pas et il ne peut pas y avoir de péril clérical; mais il y a des hommes qui exploitent cette chimère parce qu'ils savent qu'en France les mots souvent tiennent lieu de réalités. Mais il arrive un moment où le public finit par comprendre qu'on s'est moqué de lui.

Pour le jacobin, quiconque veut la liberté pour tous, fut-il, du reste, juif ou libre-penseur, est un clérical d'autant plus à craindre qu'il cache mieux son jeu; de sorte qu'en définitive, tous les libéraux, à quelque nuance ou à quelque confession qu'ils appartiennent, sont des cléricaux. Avouez que c'est une façon très simple et très commode de lutter contre un concurrent; mais elle n'a qu'un temps et ce temps est fini et bien fini, je l'espère. Il ne suffira plus désormais de dire : « C'est un clérical », pour que toutes les voix aillent au jacobin. Les électeurs édifiés sur la bonne foi jacobine sauront que le cléricalisme ne signifie rien, qu'il est une formule creuse, un mot sans signification et ils répondront aux calomniateurs par le mépris.

# VI

## LA PATRIE

Cher ami,

L'Assemblée législative venait de publier une proclamation pour annoncer officiellement que l'ennemi avait envahi le territoire. C'était en 1792, l'année de Valmy et de Jemmapes; c'était le temps où Kellermann lançait ses jeunes troupes au cri de *Vive la nation!* cri répété sur toute la ligne pendant plusieurs minutes.

Le grand poëte de l'Allemagne, Gœthe, était dans les rangs de l'armée prussienne. Il était venu, en curieux, pour assister à la fuite des Français. La campagne devait être une promenade militaire jusqu'à Paris, car on avait dit à l'ennemi qu'il ne trouverait devant lui que des tailleurs et des cordonniers. Or, ces tailleurs et ces cordonniers avaient supporté le feu comme de vieux soldats; ces conscrits avaient fait reculer les grenadiers de Brunswick.

Après la journée de Valmy, au bivouac, quelques officiers prussiens demandaient à Gœthe de leur dire des paroles capables de chasser les noirs pressentiments. Le poëte resta longtemps silencieux; il dit enfin d'une voix grave : « En ce lieu et dans ce jour, commence une nouvelle époque pour l'histoire du monde. »

Le feu qui avait consumé la grande âme de Jeanne d'Arc jetait un nouvel éclat. Pour comprendre ce qu'étaient ces hommes qui commençaient une nouvelle époque de l'histoire du monde, il faut les suivre dans le détail de leur vie de tous les jours; il faut savoir quelles furent les souffrances endurées par ces volontaires, par ces va-nu-pieds de 92.

L'un d'eux, Joseph Bricard, a écrit le journal de ses campagnes de 92 à 1802. A l'âge de vingt ans, il se présenta à la municipalité de Paris qui l'enrôla en qualité de canonnier. La lecture de son journal nous apprend quelle était la vie de ces conscrits qui allaient au feu à jeun, harassés, trempés jusqu'aux moelles, sans chaussures par des chemins horribles, souvent dans la boue jusqu'aux genoux, tellement accablés que, parfois, malgré une température glaciale, ils dormaient debout. S'ils ont de quoi manger, le sel leur manque et ils y suppléent avec de la poudre délayée; trop heureux encore quand leur marmite n'est pas renversée par l'ennemi arrivant à l'improviste.

A de rares exceptions près, tout est dans la même note.

Quelle était donc la force qui soutenait ces hommes? Quelle était la passion qui les soulevait au-dessus de ces souffrances capables d'abattre les plus fiers courages?

Ces hommes avaient au cœur un ardent amour : ils aimaient la patrie!

L'amour de la patrie est un sentiment naturel, profond, qui tient aux fibres les plus intimes de l'âme.

La patrie, en effet, est l'air que nous respirons, le sol qui nous porte, la langue que nous parlons, la terre où dorment les aïeux et où nous dormirons un jour. La patrie est l'extension de notre personnalité dans la durée et dans l'espace. Elle est ces Gaulois et ces Franks dont les siècles ont fait une seule nation; elle est le Druide qui cueillait le gui sacré; elle est Clovis qui s'inclinait devant saint Rémi; elle est le chevalier qui partait pour la Terre sainte et les gens des fières communes des douzième et treizième siècles; elle est le souvenir douloureux de la France agonisante à Crécy, à

Poitiers, à Azincourt, mais elle est aussi l'auréole immortelle de Jeanne d'Arc. La patrie est la vaillance joyeuse de Henri IV; la gloire littéraire du dix-septième siècle; elle est le drapeau de Rocroy et celui d'Austerlitz. Elle est, en un mot, cette longue histoire, faite de tristesses et de joies, de défaites et de triomphes, d'ombres et de lumières que continue la France d'aujourd'hui et qui doit nous être chère parce qu'elle est *notre histoire*. Je ne suis pas de ceux qui voudraient la mutiler en supprimant tout ce qui est antérieur à la France de 89. C'est une entreprise irréalisable et criminelle. Il ne dépend de personne d'effacer les siècles et les souvenirs, et, quand ces souvenirs et ces siècles sont, en définitive, malgré des défaillances inévitables, un patrimoine glorieux, c'est un crime de lèse-patrie que de vouloir les renier parce que les Français d'autrefois ne pensaient pas comme les Français d'aujourd'hui.

L'amour de la patrie doit se prouver par des actes. La meilleure preuve est évidemment de sacrifier sa vie quand son honneur l'exige; mais la patrie demande rarement ce sacrifice, et, d'ailleurs, ils sont nombreux ceux que leur âge et leur situation dispensent de marcher à la frontière quand le clairon a sonné. Mais il est un devoir qui incombe à tous et toujours, c'est de ne pas fomenter les discussions, les discordes civiles, les rivalités ardentes et passionnées qui donnent à l'étranger le spectacle lamentable d'un peuple qui s'affaiblit lui-même en se déchirant de ses propres mains. Peut-on dire qu'on aime la patrie quand on sème la haine et que l'on excite ses fils les uns contre les autres? Sans doute, nous ne sommes pas tous du même avis sur des questions graves; chacun veut faire triompher son opinion et il en a le droit; mais c'est être mauvais citoyen et mauvais patriote que de traiter l'adversaire en ennemi irréconciliable et de déchaîner contre lui des haines qui ne désarment jamais. Et ce qui est, peut-être, encore plus étrange, c'est que, parmi ces hommes les plus ardents à souffler le feu des discordes civiles, il en est qui professent un grand amour pour l'humanité. Ils rêvent la fraternité universelle, ils convient les peuples à un embrassement général et ils n'ont que des paroles de haine à l'égard de leurs compatriotes qui ne votent pas comme eux. Ah! si vous aimez tous les hommes qui sont répandus sur la surface du globe, commencez donc par aimer ceux qui sont près de vous. Sans cela, on aura le droit de dire que tout cet étalage humanitaire est tout simplement un thème de discours déclamatoire dont vous ne croyez pas le premier mot.

Notre pays doit nous être cher entre tous. Assurément, l'amour que nous lui avons voué ne nous oblige pas à souhaiter l'extermination des autres et à provoquer, comme à plaisir, des conflits redoutables; mais nous nous devons à notre patrie avant tout. Ne pas aimer son pays est une étrange façon d'aimer l'humanité. Et, cependant, il y a aujourd'hui des hommes qui n'aiment pas la patrie et qui le disent bien haut. Ils ont comme auxiliaires un grand nombre de ceux dont la mission est de préparer l'avenir et de former l'âme de la génération de demain.

Rien ne prouve mieux le mal qui nous ronge et la décomposition sociale qui nous menace. On a voulu l'école sans Dieu; il en sortira des sans-patrie. La religion et le culte de la patrie sont les deux grandes assises de l'édifice; quand la première s'écroule, est-il étonnant que la seconde soit ébranlée?

J'admets que, parmi ces humanitaires tapageurs, il y en est quelques-uns qui soient tourmentés du besoin d'attirer l'attention et de se faire une notoriété malsaine; il n'en est pas moins vrai que le mal a gagné, qu'il a pénétré dans des écoles où l'idée de patrie sera considérée bientôt comme une idée réactionnaire.

Déjà les pontifes de la libre-pensée, qui occupent une haute situation dans le monde universitaire, ont « répudié le patriotisme à forme religieuse, le patriotisme irraisonné, le patriotisme royal ou impérial. » Que signifie cette logomachie? Que veut dire le patriotisme *à forme religieuse*? S'agit-il d'une armée commandée par des curés? Est-ce l'alliance du sabre et du goupillon? Veut-on parler de soldats qui marcheraient à l'ennemi en chantant des litanies? Je ne comprends pas.

On répudie le patriotisme royal ou impérial. Veut-on contester le patriotisme de Bayard ou celui des soldats de Napoléon, qui peut-être n'était pas un patriotisme de bon aloi? Ici encore je ne comprends pas : l'éminent professeur n'a pas le don de la clarté.

En revanche, on admet « un patriotisme raisonné, pacifique, humanitaire, internationaliste, républicain et démocratique, le patriotisme selon la Révolution française. »

Ce patriotisme là me donne à penser. Il faut d'abord qu'il soit *raisonné*; ce qui veut dire sans doute que le patriotisme de Richelieu n'était pas intelligent, puisqu'il est dans la catégorie de ce patriotisme royal qu'on a répudié. Or, raisonné ou non, ce patriotisme a fait d'assez grandes choses pour qu'il ne soit pas à dédaigner. Veut-on dire qu'il faudra expliquer à chaque soldat les complications qui ont amené la guerre et le plan de la bataille qui sera livrée demain? Ils ne comprendront peut-être pas très bien ou ils soulèveront des objections qui ne favoriseront pas beaucoup la marche des opérations.

Ce patriotisme sera, en outre, pacifique, humanitaire, internationaliste, républicain et démocratique, le patriotisme selon la Révolution française.

Si on entend par *pacifique* et *humanitaire* que le patriotisme ne sera pas brouillon, querelleur et agressif, fort bien; mais comme on ajoute *internationaliste*, j'ai le droit de penser qu'on veut nous faire un patriotisme avachi absolument incapable de soulever les âmes quand la patrie leur demandera un effort. Ces patriotes internationalistes lèveront la crosse en l'air pour tomber dans les bras *des frères?* qui, prenant au sérieux leur métier de soldat, n'en feront qu'une bouchée.

L'internationalisme exclut l'idée de patrie, puisque les internationalistes ont la prétention de supprimer les frontières et de faire, de tous les peuples, une seule agglomération où il n'y aura ni

Français, ni Russes, ni Anglais, ni Allemands, etc.,
mais seulement des hommes citoyens du monde.
Donc un patriotisme internationaliste signifie un
patriotisme qui ne sera pas patriote. L'idée est
difficile à saisir.

Mais où le professeur s'embrouille tout à fait,
c'est quand il nous parle d'un patriotisme républicain et démocrate.

Le patriotisme n'est ni un parti politique, ni
l'apanage exclusif d'une classe sociale. Un royaliste peut être aussi bon patriote qu'un républicain,
et un grand seigneur peut, tout autant qu'un pro-
létaire, aimer son pays. Le patriotisme n'a pas de
couleur politique ; il n'est ni royaliste, ni républicain, il est Français. Si on en fait une question de
politique, on ne pourra pas dire que les émigrés de
l'armée de Condé n'étaient pas patriotes quand ils
se battaient contre la France. Non, le patriotisme
est le devoir et il doit être la passion de tous les
citoyens sans exception.

Ces restrictions, ces sèches analyses d'un sentiment que font naître l'enthousiasme, le devoir et
l'esprit de sacrifice affaiblissent singulièrement
l'empire de l'idée de patrie. Quand on aime, on
n'épilogue pas ainsi comme un pédant qui veut
faire montre de sa sagacité psychologique.

Si ces doctrines étaient des discussions acadé-
miques inoffensives, on pourrait les déplorer sans
cependant s'en préoccuper outre mesure. Mais,
par le maître d'école, elles descendent dans l'âme
du peuple et elles vont y tarir la source des enthou-
siasmes sacrés qui font les nations héroïques.
Quand un peuple ne croit plus à la patrie, il devient
fatalement la proie des rivaux qui ont gardé le
culte de la terre natale. Voulons-nous que la France
disparaisse et que son nom soit effacé de la carte
du monde? Continuons ce travail de décomposition qui prépare la tombe des peuples destinés à
mourir. Mais, si nous voulons que la France vive,
luttons contre ces doctrines de mort; affirmons
hautement l'ardeur et la vivacité de notre patriotisme; rallions-nous autour du drapeau et ne
manquons jamais une occasion de rappeler à des
Français ce qu'ils doivent à la France.

Tandis que tous les autres peuples entretiennent
avec tant de soins l'amour national et qu'ils
enseignent à leurs enfants à préférer leur pays à
tout autre, serions-nous donc les seuls à creuser,
de nos propres mains, le tombeau de la patrie?

Il y a là, pour le gouvernement, un devoir impérieux : ne voit-il pas le gouffre où nous courons?
Est-il donc tellement occupé à fermer des écoles

où l'on enseignait à aimer Dieu et la patrie, qu'il n'ait pas le temps d'aller voir ce qui se passe dans les écoles dont il a la garde?

Le problème de la guerre est étroitement lié à la question que je traite en ce moment.

Tout le monde avoue que la guerre est un fléau horrible. Vous vous souvenez de la joie universelle qui a salué le traité de paix entre le Japon et la Russie. Cette lutte, qui depuis si longtemps ensanglantait l'Extrême-Orient, était un véritable cauchemar qui hantait tous les peuples civilisés.

Ce n'est donc pas aimer son pays que de l'exposer, sans raisons très graves, aux horreurs et aux chances toujours incertaines de la guerre. On doit souhaiter que les guerres se fassent de plus en plus rares et que les conflits internationaux puissent se régler par voie d'arbitrage. Mais quand même l'idée d'arbitrage serait universellement acceptée, nous ne serions pas dispensés des devoirs que le patriotisme nous impose. Nous serions toujours obligés de préférer notre pays à tout autre : la patrie est une mère et ce n'est pas seulement quand elle est menacée qu'il faut lui prouver notre dévouement et notre amour. Mais, dans l'état actuel des choses, et probablement pour bien longtemps encore, les conflits violents sont

toujours possibles. La prudence la plus élémen-
mentaire nous ordonne de les prévoir. Ce serait
jouer un métier de dupes que de prêcher le désar-
mement, tandis que les autres nations nous guet-
tent l'arme au bras; ce serait vouer la patrie à une
destruction certaine que de propager, dans les
rangs de ceux qui doivent la défendre, les idées
qui font les naïfs, les criminels et les lâches.

Souvenez-vous de la fable : *Le lion amoureux*.
Il se laissa limer les griffes et les dents et, quand il
fut :

> Comme place démantelée
> On lâcha sur lui quelques chiens.

Gardons nos griffes et nos dents. Jusqu'à présent, c'est le meilleur moyen d'éviter la guerre :
on n'attaque pas les forts.

# VII

## LES FILS DE LA RÉVOLUTION

Cher ami,

Je vous racontais, dans ma lettre précédente, que le soir de Valmy, Gœthe avait dit à quelques officiers prussiens : « En ce lieu et dans ce jour, commence une nouvelle époque pour l'histoire du monde. »

Cette nouvelle époque dont parlait le poète s'appelle, la Révolution.

De tous les mots de la langue française, il n'en est pas de plus élastique et qui se prête aux interprétations plus variées que celui-ci, *la Révolution*. Le sens de cette formule retentissante : *nous, les fils de la Révolution*, change d'après la mentalité de celui qui la prononce. Parfois, la Révolution signifie guerre à Dieu. Dans ce cas, Robespierre ne serait pas fils de la Révolution, lui qui a eu la faiblesse d'affirmer officiellement la nécessité sociale de la croyance en Dieu. On sait, en effet, que rien n'est plus réactionnaire que Dieu; et la preuve c'est que, si un de nos hommes d'État s'avisait seulement de prononcer son nom, il serait immédiatement accusé de conspirer avec *le Gesu* pour renverser la République. Robespierre, aujourd'hui, n'aurait donc pas beau jeu avec sa fête en l'honneur de l'Être suprème. Ce qui achéverait de le rendre suspect, c'est qu'un émigré de marque, le comte de Lille, qui fut plus tard Louis-XVIII, le jugeait avec une indulgence qui me surprend. Il disait, en effet, au comte de Montgaillard, qu'il ne fallait pas juger les hommes d'État selon les règles ordinaires de la morale et que, si Robespierre voulait simplement abattre les factions pour rétablir ensuite la royauté, il n'aurait fait, après tout, qu'imiter Richelieu.

C'est ce qu'on appellerait, aujourd'hui, *gouverner avec l'appui de la droite.*

Après Robespierre, beaucoup de conventionnels ne mériteraient pas plus que lui le titre de fils de la Révolution. Ce titre suppose une certaine allure démocratique incompatible avec les exigences d'étiquette qui rappelleraient trop l'ancien régime. Or, presque tous les anciens conventionnels nommés préfets par Bonaparte se montrèrent très chatouilleux sur le chapitre de l'étiquette. L'un

deux avait ordonné aux maires de son départe-
ment de ne se présenter devant lui qu'avec des
bas de soie et des souliers à boucle. Un jour, un
maire chaussé de grosses bottes entre dans le ca-
binet du préfet. Le préfet regardait avec obstina-
tion ces bottes plébéiennes, si bien que le maire,
pour éviter une impertinence, lui dit : « Monsieur
le préfet s'étonne sans doute qu'un campagnard
comme moi ne soit pas en sabots! »

Cet ancien conventionnel était fils de la Révolution à sa façon : chacun a sa manière.

Il n'y a pas longtemps, je me trouvais dans une
réunion de curés. On parlait politique; on gémis-
sait sur le malheur des temps; on racontait l'expulsion des bonnes sœurs, les brisements de croix, les
dénonciations absurdes, l'interdiction des processions, enfin toutes les tracasseries stupides qui,
dans les petits centres, sont plus insupportables
qu'ailleurs et dont, à Paris, on n'a qu'une vague
idée. Un vicaire d'humeur batailleuse déclara que
tous ces malheurs tenaient à une cause, à une
seule, à la Révolution. Le doyen, homme d'une
soixantaine d'années, dit : « Au contraire, monsieur
l'abbé, je crois que ces malheurs, que je déplore
autant que vous, tiennent à ce qu'on a oublié les
principes de la Révolution et, en particulier celui-

ci : *Nul ne sera inquiété pour ses opinions même religieuses.* »

Ce fut un coup de théâtre; tous les curés furent de l'avis de M. le doyen et avouèrent que la Révolution avait du bon puisque, si ce principe était appliqué, tout le monde serait tranquille dans la pratique de ses opinions religieuses.

Je suis convaincu que pas un de ces curés n'aurait hésité à dire : « Nous aussi, nous sommes les fils de la Révolution. »

Vous voyez donc, cher ami, que ces mots, Révolution et fils de la Révolution, peuvent s'expliquer de bien des manières, et qu'il suffit de savoir ce qu'on entend par la Révolution.

La Révolution est le triomphe définitif de ces trois grands principes :

L'égalité devant la loi;

La liberté de conscience;

La liberté civile et politique.

Je ne ferai à personne l'injure de supposer qu'on entend par la Révolution les massacres de septembre, les noyades de Nantes, les mitraillades de Lyon et la guillotine en permanence. Ces crimes ne sont pas plus la Révolution que la Jacquerie n'est le moyen âge; pas plus que la Commune de 71 n'est la République. Il est donc bien entendu

que la Révolution est cet ordre de choses nouveau
dominé et régi par les trois grands principes que
je viens d'énoncer. Il est nouveau par rapport à
l'état social précédent qu'on désigne, vous le savez,
sous le nom *d'ancien régime.*

Je dis d'abord que la création de ce nouvel
ordre de choses fut un acte de justice sociale.

N'est-il pas juste, en effet, que, à égalité de ta-
lents, tous les citoyens jouissent des mêmes droits
et puissent aspirer aux mêmes fonctions? n'est-il
pas juste que les mêmes châtiments punissent
les mêmes crimes? n'est-il pas juste que les charges
de l'État soient réparties également sur tous selon
les facultés de chacun? C'est en cela que consiste
l'égalité devant la loi; elle est l'application sociale
du dogme évangélique de la fraternité. Je n'ai pas
besoin de vous faire remarquer qu'elle ne ressemble
en rien à l'égalité individuelle, comme si tous les
hommes étaient également intelligents, laborieux,
forts, vertueux, beaux, etc. Cette égalité est une
absurdité et le rêve impuissant de la médiocrité
jalouse. Quel que soit l'empire des idées démocratiques, on ne détruira jamais les inégalités personnelles qui sont l'œuvre de la nature. De ces inégalités personnelles découlent les inégalités sociales.
De même que tout le monde n'a pas les titres suf-

fisants pour entrer à l'Institut, de même le paresseux, réduit à la misère par sa faute, n'aura pas le droit de réclamer à un ouvrier laborieux une part du salaire péniblement gagné. Il n'y a pas de démocratie qui tienne; les inégalités personnelles sont un fait contre lequel on ne peut rien. A la Chambre, les plus farouches niveleurs sont bien obligés de reconnaitre qu'ils ne sont pas tous aussi éloquents que Mirabeau, et, s'ils s'estiment aussi forts que lui, ils n'ont qu'à s'informer de l'opinion des tribunes.

Le principe de la liberté de conscience consacre l'incompétence du pouvoir civil en matière religieuse. La foi est un acte libre. Quand l'État impose une croyance ou qu'il s'oppose au libre exercice d'une opinion religieuse, il usurpe un pouvoir qui ne lui appartient pas et il commet un abus criminel de la force. Quand donc la Révolution a proclamé que nul ne serait inquiété pour ses opinions, *même religieuses*, elle a affirmé que la foi ne relève que de la conscience et de Dieu. Sous le régime précédent, l'État intervenait, à tout moment et à tout propos, dans les discussions religieuses. Il laissait en prison pendant six ans un religieux bénédictin de Corbie, dom Gerberon âgé de soixante-dix-sept ans; le savant dominicain Noël Alexandre apprenait qu'une lettre de cachet allait être lancée contre lui et que, trois fois, on avait discuté sur son exil dans le conseil du roi; les parlements faisaient brûler les mandements des évêques et avaient la prétention de forcer les curés à administrer les sacrements.

La Déclaration des Droits de l'homme a voulu couper court à tous ces abus.

Quant au troisième principe du droit public nouveau : la liberté civile et politique, vous savez ce que j'en pense puisque j'ai traité ce sujet dans mes deux premières lettres.

Voilà, cher ami, ce qu'il faut entendre par la Révolution. Toute autre interprétation est fantaisiste et ne supporte pas un examen sérieux. C'est la proclamation de ces trois grands principes qui a fondé un ordre de choses nouveau, un nouvel état social qui durera autant que le monde. Qui donc pourrait songer aujourd'hui à reconstituer la société sur les bases anciennes? Personne, absolument personne; pas plus les descendants de l'ordre privilégié que les fils de ceux qui prêtèrent le serment du Jeu de Paume. A ceux donc qui, en disant : « Nous sommes les fils de la Révolution », essayent de diviser la France en deux camps : d'un côté la Révolution, de l'autre l'an-

cien régime, je réponds : « Vous vous trompez,
aujourd'hui, en France, tous les Français sont
fils de la Révolution. »

J'avoue cependant que quelques exceptions
sont à noter. Il y a encore des tenants de l'ancien régime, et ils ne se trouvent pas dans les
milieux où, de prime abord, on croirait les rencontrer.

Qu'a-t-on fait du principe d'égalité devant la
loi? A égalité de mérite, deux officiers, deux
magistrats obtiendront-ils le même avancement?
Non; celui qui aura reçu cette investiture ridicule,
qui n'a rien de commun avec la sincère conviction
républicaine, passera bien avant un autre qui aura
gardé son indépendance et n'aura fait que son
devoir. Sous l'ancien régime, il fallait présenter
quatre quartiers de noblesse pour arriver aux
grades élevés; aujourd'hui, il faut exhiber un
tablier et un triangle; voyez-vous une grande différence entre les deux cas?

Qu'a-t-on fait du principe de la liberté de conscience? Ah! c'est ici que l'intolérance jacobine se
dévoile sans pudeur. Un fonctionnaire qui irait à
la messe serait marqué à l'encre rouge; il serait
traqué, dénoncé, espionné; il aurait après lui
toute une meute, depuis le garde champêtre jus-

qu'au préfet. Il n'est pas même prudent que sa femme se montre trop souvent à l'église; il faut surtout que ses enfants ne soient pas élevés dans une école libre : ceci est un point capital. Autrefois l'État intervenait pour imposer la foi, aujourd'hui il intervient pour la proscrire : au point de vue de la liberté, où est la différence?

Qu'a-t-on fait du principe de la liberté civile? Allez en Belgique, en Angleterre, en Allemague, aux États-Unis, vous y verrez des milliers de Français qui sont allés demander à l'étranger une liberté qu'on leur a refusée dans leur pays. C'est une nouvelle édition de la révocation de l'édit de Nantes; il n'y a eu rien de changé.

Et ces gens-là osent se réclamer de la Révolution!

Ils ont fait, de la République, « un régime de basses délations et de terreurs déprimantes, un régime qui fait courber toutes les échines et plier les plus mâles courages, un régime qu'il faut haïr de toute son âme et dénoncer à l'indignation de tous les honnêtes gens. »

Ce sont les paroles que prononçait, il n'y a pas longtemps, Mgr Lacroix, évêque de Tarentaise. Je suis absolument de son avis.

Les vrais fils de la Révolution sont ceux qui en

adoptent et en appliquent les principes ; c'est-à-dire les libéraux qui ont foi en la liberté. Ils n'ont pas répudié l'ancien régime pour en adopter un autre qui ne le vaut pas, puisqu'il a l'hypocrisie en plus. A ceux-là appartient l'avenir. La crise que nous traversons est trop contraire aux tendances, à l'esprit, aux principes de la société nouvelle pour que son règne soit de longue durée. La France se ressaisira ; elle ne voudra pas revenir en arrière, et, s'il m'était permis de rappeler un mot célèbre de Montalembert, je dirais que les fils de la liberté ne reculeront pas devant les tenants du despotisme.

La toute puissance des principes qui dominent la France nouvelle est telle que Louis XVIII, qui pourtant se croyait roi de droit divin, les consacrait dans la Charte de 1814 et reconnaissait, par le fait même, l'impossibilité du retour à l'ancien régime. Or, le meilleur moyen de vaincre la tyrannie jacobine est de prouver au pays que le jacobin est, par essence, un contre-révolutionnaire, et la démonstration n'est pas difficile, puisque les faits le disent assez haut. Encore une fois, qu'importent des mots nouveaux si les choses sont anciennes ; qu'importe une étiquette républicaine si on rebâtit la Bastille ! Le pays ne reculera pas de deux siècles ;

il tient trop à ses conquêtes pour ne pas briser le joug sous lequel voudraient le courber des hommes dont l'unique souci est de jouir du pouvoir et qui, sous le masque de la liberté, ont fait revivre les pratiques du pouvoir absolu.

# VIII

## LES INQUIÉTUDES DES HONNÊTES GENS

Cher ami,

Si vous êtes entré quelquefois dans une maison lézardée dont les plafonds semblaient devoir vous tomber sur la tête au moindre coup de vent, vous avez éprouvé, à coup sûr, un sentiment d'inquiétude qui vous a donné une petite idée du talent de l'architecte et de la vigilance de ceux qui étaient chargés de veiller à la solidité de l'édifice. C'est le sentiment qu'éprouvent aujourd'hui bon nombre d'honnêtes gens. Sans être pessimistes, ils sentent qu'il y a quelque chose qui branle. Ce ne sont encore, peut-être, que des symptômes, mais il est certain qu'il y a du malaise; la confiance s'en va ou, du moins, elle se refroidit beaucoup; on n'est pas tranquille; on est effrayé des menaces de l'avenir; on croit entendre déjà des craquements de mauvais augure.

Je vais vous dire qu'elles sont, à mon avis, les

causes de ces malaises ; ne m'accusez pas de charger le tableau, je ne suis pas pessimiste de ma nature, au contraire, mais je tâche d'y voir clair et de me rendre compte de ce qui se passe.

Le respect des règles immuables de la justice qui met hors d'atteinte les droits de tous est la condition nécessaire de la tranquillité des États. Lorsque chaque citoyen, à quelque opinion qu'il appartienne et quel que soit le degré qu'il occupe dans l'échelle sociale, sait que son droit est à l'abri des entreprises de la violence, la paix règne parce que tout est à sa place sous l'empire indiscuté de lois justes.

La force ne s'exerce que lorsqu'il s'agit de faire rentrer dans l'ordre ceux qui s'en écartent. Dans toute nation il y a, en effet, des hommes toujours tentés de méconnaître le droit des autres; il faut alors recourir à la force pour faire respecter la loi.

Mais, en dehors de ces cas qui sont du ressort de ce qu'on nomme avec tant de raison *la justice*, l'emploi de la force est une cause puissante de désorganisation sociale. Personne n'est tranquille parce que tout le monde se sent menacé quand le droit d'un seul a été violé. Si, au contraire, au-dessus des agitations inséparables de la vie d'un peuple, on sent planer l'idée tutélaire et inflexible de la justice, chacun jouit en paix de la place qui lui est faite au foyer de la patrie commune.

La première et la principale préoccupation d'un gouvernement doit donc être de faire régner la justice et d'appuyer l'édifice social sur cette base inébranlable. La justice est aussi le lien qui réunit en un seul faisceau les membres épars d'une nation; elle est l'âme qui fait circuler la vie du centre aux extrémités; elle est le moteur qui met en branle tous les rouages de cette machine compliquée qu'on appelle un gouvernement.

En dehors de ce point fixe que les plus habiles combinaisons des politiques ne parviendront pas à ébranler, sur quoi donc pourraient s'appuyer les hommes qui président aux destinées de l'État? Sur leur volonté personnelle? Mais ma volonté vaut la leur, et je ne leur reconnais pas le droit de m'imposer leurs caprices. S'ils ne représentent rien au-dessus d'une volonté chancelante, incertaine, et quelquefois perverse, ce serait, de leur part, une singulière audace que de me donner des ordres dictés par le bon plaisir.

Auront-ils alors recours à la force? La force ne fera pas fléchir ma volonté, et j'attendrai l'occasion favorable pour briser le joug sous lequel la violence m'aura courbé. Gouverner par la force, c'est préparer l'anarchie.

Vous comprenez maintenant quelle imprudence ont commise les hommes qui, chargés du gouvernement d'un grand peuple, ont méconnu, contre toute une classe de citoyens, les règles éternelles de la justice. Ils ont ébranlé la base de l'édifice; dès lors comment s'étonner des lézardes qui en compromettent la solidité?

Ces lézardes sont la négation des idées de patrie, de propriété, de liberté, de devoir. Les notions de droit et de devoir sont corrélatives; là où il y a le droit, il y a aussi le devoir et réciproquement. Par conséquent, l'idée de devoir est singulièrement affaiblie quand l'idée de droit est attaquée. Nous avons des devoirs envers la patrie, envers la propriété d'autrui, envers la liberté des autres, qu'importe! Le devoir et le droit ne sont que des mots pour les gouvernés quand les gouvernements ont donné l'exemple du mépris de la justice.

Tout est donc mis en question, l'édifice n'est pas solide parce qu'on a commis l'imprudence de toucher à la base.

Aussi les démolisseurs ont une audace que rien n'arrête.

Que font les gardiens de l'édifice?

Ordinairement ils tremblent; souvent ils parlent. Des paroles! Quand il faudrait des actes! Mais les actes supposent de la fermeté et un sentiment du devoir qui ne recule pas devant les responsabilités nécessaires. On capitule devant les menaces des violents et on leur sacrifie le sort des faibles. Toutefois, on a bien soin de recommander aux victimes de se tenir tranquilles et de ne pas créer une agitation funeste à la tranquillité du pays. On fait appel à l'union et à l'oubli des injures; on demande aux sacrifiés de ne pas faire de mauvaises querelles à ceux qui les ont vendus. Voici le langage stupéfiant qu'a tenu un ministre, le 17 septembre dernier. En parlant de la séparation de l'Église et de l'État, il a dit : « Le pays républicain trouvera dans cette loi le sentiment qui doit nous animer tous, celui de l'union ». J'ai autant que qui que ce soit la prétention de faire parti du *pays républicain*, et je ne trouve pas du tout le sentiment de l'union dans la loi de séparation. J'y trouve, au contraire, un sentiment de colère légitime contre des hommes qui traitent ma religion comme une quantité négligeable dont il n'y a pas à s'occuper et à laquelle on ne doit rien. Le ministre a dit encore : « Il faut nous unir, effacer les mauvaises querelles, oublier ce qui nous divise et faire œuvre commune. »

Certes, les catholiques sont de bonnes âmes et ils ne veulent faire de mauvaises querelles à personne, mais ils seraient trop naïfs s'ils oubliaient la mauvaise querelle qu'on leur a faite quand on a voté la loi de séparation. Ils s'en souviendront le jour du vote et l'on verra alors, je l'espère du moins, qu'il ne suffit pas de prêcher l'union pour faire oublier la discorde qu'on a provoquée.

Vous dites que vous ne voulez pas imposer une croyance et que, par conséquent, votre loi est une loi de liberté. Imposer une croyance? Vous qui n'en avez aucune! En vérité, il ne manquerait plus que cela. Sous le régime concordataire la croyance était donc imposée? Vous ne savez donc pas que Dieu lui-même *n'impose* pas la foi; seriez-vous plus forts que Dieu?

Et vous vous imaginez que ces déclarations, qui ne signifient rien, suffiront pour nous faire accepter votre loi comme une loi de liberté! Soyez donc plus sincères. Vous avez voulu outrager notre foi en déclarant que, dans sa manifestation extérieure, le culte, elle ne valait pas la peine que le gouvernement la prit au sérieux. Eh, bien! cela, les catholiques ne l'oublieront pas.

Voilà ce que disent les ministres quand ils parlent, voyons ce qu'ils font quand ils agissent.

En moins d'un an, M. Combes a fermé dix mille écoles libres; il l'a déclaré lui-même à la tribune du Sénat. Or, tandis qu'on ferme toutes ces écoles, les instituteurs de l'État, un grand nombre du moins, enseignent aux enfants qu'il n'y a pas de patrie. Que fait-on pour remédier au mal? On le nie, on entonne, de temps en temps, dans une cérémonie quelconque, un couplet patriotique, on affirme la nécessité d'une armée forte, et les instituteurs payés par l'État continuent tranquillement leur œuvre de démolisseurs.

Il y a, en France, quelques centres d'une anarchie violente d'où partent les mots d'ordre qui soufflent la guerre aux patrons et au capital. Les industries se sentent menacées, la grève les guette et les patrons découragés sont à la merci des fauteurs de désordres. Que fait-on?

On ferme des couvents!

Et tandis qu'on enfonce à coup de hache la porte du couvent des Carmélites de Lille, on est timide vis-à-vis de ceux qui sapent cette base sociale : la propriété.

Peut-on s'étonner des inquiétudes des honnêtes gens?

Il est facile de gouverner en s'attaquant aux faibles et en ménageant les forts; mais cela n'est pas de la politique, c'est tout au plus un expédient pour faire durer un ministère au détriment de l'ordre social gravement compromis. Or, un régime politique sérieux ne vit pas d'expédients, il vit de prudence sans faiblesse, de fermeté sans violence, et de cette haute sagesse qui fait discerner à un homme d'État, au-dessus des menaces et des passions qui s'agitent, où se trouve l'intérêt vrai du pays. La politique jacobine, au contraire, est à la fois imprudente et faible, violente et pusillanime. Au lieu de maîtriser les passions antisociales, elle se met à leur remorque. De là vient le malaise dont nous souffrons. Les honnêtes gens ne se sentent pas protégés et... les autres exploitent, au profit de leur audace, la faiblesse, pour ne pas dire la complicité du gouvernement.

Je crois bien qu'on voudrait réagir, mais on ne l'ose pas; on voit le danger, mais on n'a pas la fermeté nécessaire pour le conjurer; on laisse les choses aller à la dérive... Après nous le déluge.

Cependant, je ne désespère pas; je suis convaincu, au contraire, que l'imminence du péril donnera aux amis de la liberté l'énergie que d'autres ont déployée pour fonder leur despotisme.

Un grand pays ne peut pas demeurer plus long-temps sous le joug d'une minorité audacieuse et violente; les libéraux relèveront les ruines, ils consolideront l'édifice, et la liberté guérira les plaies que le despotisme a faites à la France.

# IX

## LE CLERGÉ

Cher ami,

Vous me posez une question à laquelle il est difficile de répondre d'une manière précise. Vous me demandez quelle est mon opinion sur le clergé de France. Or, le clergé étant une collectivité fort variée, on est obligé de s'en tenir à des appréciations générales qui supposent naturellement un assez grand nombre d'exceptions. Si je vous dis, par exemple, que le clergé est instruit, vous me citerez l'abbé un tel qui laisse à désirer sous ce rapport; si je vous dis que le clergé est zélé, vous me répondrez que vous connaissez un prêtre qui ne l'est pas. Il est donc nécessaire de faire la part des exceptions, aussi, en vous donnant mon opinion, ai-je en vue la majorité du clergé et non tous les prêtres de France pris individuellement les uns après les autres.

C'est, du reste, la règle que l'on doit suivre toutes

les fois que l'on juge une collectivité, quelle qu'elle soit; qu'il s'agisse de l'armée, de la magistrature, du commerce, de l'ordre des avocats, etc., le principe est le même; il n'y a pas de règles sans exceptions.

Les cas individuels que vous pourriez m'opposer n'infirmeront donc pas la valeur de mes appréciations générales. Mais, malgré la part que je fais aux exceptions possibles, il est un point sur lequel je serai aussi affirmatif que je puis l'être : c'est que, aujourd'hui, *un schisme est impossible*. Et je comprends, dans cette affirmation, l'immense majorité, pour ne pas dire l'unanimité du clergé.

Un schisme! C'est là le secret espoir et l'ardent désir des ennemis de l'Église. Quelle joie et quel triomphe si l'Église de France se détachait du centre de l'unité catholique pour se dissoudre en une foule de sectes rivales! Ils en auraient fini alors avec cette institution maudite dont la durée les exaspère et dont l'unité forme un faisceau qu'ils ne peuvent pas rompre. Ils comprennent très bien qu'ils n'auront pas raison de l'Église en affamant les prêtres, en les traitant comme des parias, en rééditant contre eux les vieilles calomnies auxquelles ils ne croient pas eux-mêmes, mais, un schisme, c'est-à-dire l'Église se détruisant de ses propres mains, quel succès! Eh bien! sans crainte de me tromper, je leur prédis qu'ils ne l'auront pas, leur schisme!

Il faut bien peu connaître l'état d'âme du clergé actuel pour croire à la possibilité d'un schisme. A aucune époque de notre histoire le clergé de France n'a été plus étroitement uni au Saint-Siège. On pouvait croire au danger d'un schisme à l'époque de la pragmatique sanction de Bourges, en 1438, sous le règne de Charles VII. La pragmatique, en effet, ne laissait, au souverain Pontife, sur les affaires de l'Église de France que le pouvoir que le Parlement voulait bien lui accorder. Or, le clergé était partisan de la pragmatique et le Parlement lui était attaché au point que François I<sup>er</sup> fut obligé d'user de tout son pouvoir pour lui faire enregistrer le Concordat de 1516. La pragmatique laissa en France comme un levain de schisme qui fermentait sous Henri IV, quand le Saint-Siège faisait attendre trop longtemps, au gré du clergé, l'absolution du roi; sous Louis XIV, en 1682, et qui devait éclater plus tard avec la Constitution civile du clergé. Oui, à ces diverses époques, un schisme était possible, et cependant le clergé de France resta fidèle. Or, cette fidélité est aujourd'hui plus ferme, plus inébranlable que jamais.

Voyez l'attitude des évêques dans la crise ouverte

par la dénonciation du Concordat. Avant de prendre un parti définitif sur les questions pendantes, ils attendent les décisions de Rome et, quand Rome aura parlé, ils agiront en conséquence. Il est possible que les décisions de Rome ne soient pas conformes aux leçons de droit canon que les théologiens du Bloc ont daigné nous donner pendant la discussion du projet de séparation; soyez convaincu que, dans ce cas, les évêques et les prêtres n'iront pas demander au ministre des cultes de leur tracer une ligne de conduite.

C'est dans son union intime avec le Saint-Siège que le clergé de France puisera la force de porter vaillamment le poids des épreuves qui l'attendent. Je comprends que le Pape soit profondément attristé de la situation que les haines sectaires ont faites à l'Église dans notre pays, mais une chose doit le consoler, c'est la certitude que rien ne sera capable d'ébranler notre fidélité. Le Pape est, pour nous, le vicaire de Jésus-Christ et le chef de l'Église : notre amour pour Jésus-Christ et l'Église est donc la mesure de notre fidélité au Pape. L'homme disparaît derrière l'idée qu'il représente. C'est ce que nos ennemis ne veulent pas comprendre, et voilà pourquoi ils espèrent un schisme; ils l'espéreront longtemps. Ils s'imaginent sans doute, qu'on change de conviction religieuse comme d'opinion politique ; qu'on est aujourd'hui catholique et demain schismatique, comme on est modéré un jour et radical le lendemain ; que les catholiques varient aussi facilement que les députés, d'après les opinions de chaque président du conseil. Pauvres gens! ils ont beau vivre au milieu des catholiques, ils ne les connaissent guère.

Une autre considération d'un ordre moins élevé, mais qui cependant a sa valeur puisque Fénelon l'expose dans son *Traité de l'autorité du souverain Pontife*, est de nature à renforcer la thèse de l'impossibilité d'un schisme.

Quand le clergé est choyé, protégé et comblé de faveurs par le pouvoir civil ; quand un gouvernement prend, à l'égard de l'idée religieuse, l'attitude d'un défenseur dévoué et convaincu, le clergé, lié au pouvoir séculier par la reconnaissance et par les avantages qu'il en reçoit, est exposé à se laisser séduire. Lorsque des conflits s'élèveront entre les deux puissances, le clergé aura peut-être de la peine à secouer ses chaînes dorées et la fidélité qu'il doit au Pape sera mise à une rude épreuve. C'est ce qui explique les hésitations de l'ancien clergé de France quand le roi ne s'entendait pas très bien avec le Pape. Mais, aujourd'hui, un pareil danger n'est pas à craindre. Sans s'en douter et sans le vouloir, nos jacobins y ont mis bon ordre. Ils ont traité le clergé de telle façon qu'ils n'ont, à aucun titre, le droit de se poser comme *les évêques du dehors*, et, si jamais ils avaient la prétention de devenir *les évêques du dedans*, ils seraient accueillis par un tel éclat de rire que les voûtes des églises en seraient ébranlées. Avouez qu'ils n'ont rien fait pour séduire le clergé, au contraire; et s'ils s'imaginent que, pour leur témoigner notre reconnaissance de tous les coups qu'ils nous ont donnés, nous allons leur vendre notre conscience en nous détachant de Rome, ils prouvent la profondeur de leur ignorance des hommes et des temps. Du reste, une preuve de plus ne compte pas.

Il est donc permis de se demander d'où est sortie cette idée qu'un schisme était possible. Quoiqu'il arrive, la fidélité du clergé de France sera inébranlable.

J'aborde maintenant une autre question qui, moins importante sans aucun doute que la première, présente cependant un vif intérêt : Quelle est la mentalité du clergé au point de vue politique? Sur ce sujet, il faut s'attendre à rencontrer de la diversité, car rien n'est libre comme une opinion politique. Comme n'importe quel autre citoyen, le prêtre a le droit de penser ce qu'il veut et d'avoir l'opinion qui lui plaît; mais, sans m'arrêter aux exceptions, je vais vous dire, en toute sincérité, ce que je crois être la note dominante dans la majorité du clergé.

Je dis, d'abord, qu'il serait souverainement injuste de juger le clergé de 1906 avec les idées que l'on avait sur les prêtres en 1830. C'est cependant ce que l'on fait encore. Si vous lisiez certains journaux, *le Siècle*, par exemple, pour ne pas le nommer, vous verriez que l'on parle encore du clergé comme si nous étions au lendemain de la révolution de Juillet. On y parle « des tenants de l'Église de Rome » qui ne cessent pas de conspirer, et, quand on a lâché le grand mot, le mot fatidique et effrayant, *la Congrégation*, on croit avoir poussé le cri d'alarme qui appelle au secours de la République en péril toutes les forces vives de la démocratie. Et l'on dit cela sans rire (il est des gens qui ne rient jamais) et l'on prend l'air tragique d'un homme qui, tout à coup, se trouve en face d'un spectre.

Il faudrait cependant être un peu plus sérieux et ne pas croire que, depuis 1830, il n'y a rien de changé.

Le clergé de la Restauration était royaliste. Il en avait le droit et même le devoir, car la Royauté était alors le gouvernement légal du pays, et le clergé doit accepter le gouvernement établi. Cette obligation n'est pas, sans doute, tellement absolue qu'elle ne laisse la liberté des opinions, cependant il est incontestable que la très grande majorité du clergé était alors royaliste. Il l'était par son éducation, par ses traditions et aussi par l'idée, si répandue à cette époque, de l'union indissoluble et naturelle, en France, du trône et de l'autel.

Ce fut cette idée, plus que contestable, qui fit commettre bien des fautes au clergé de la Restauration ; mais que celui qui ne s'est jamais trompé, lui jette la première pierre. Et, cependant, ce sont ces fautes, si excusables, étant donnés les temps et l'éducation de ce clergé, qui pèsent encore sur nous. Mais on ne peut, sans une criante injustice, nous en rendre responsables en nous attribuant des opinions qui ne sont pas les nôtres.

Cependant, tandis que le clergé de la Restauration se reposait dans une trompeuse sécurité, un jeune prêtre, avec l'intuition du génie, comprit qu'on faisait fausse route. Il comprit que le trône était, pour la religion, un appui trop précaire, et qu'il était urgent, après avoir accepté loyalement



7

le nouvel ordre de choses auquel la France était
désormais attachée, d'en appeler à l'opinion et à
la liberté. Vous avez nommé ce jeune prêtre, il
s'appelait Henri Lacordaire. Il devait dire un jour,
en prononçant l'oraison funèbre d'O'Connel :
« Catholiques! si vous voulez devenir libres là où
vous êtes esclaves, donnez la liberté là où vous
êtes les maîtres. » Lacordaire fut, durant toute
sa vie, fidèle à ce programme et il put dire, à la
fin de sa glorieuse et féconde carrière : « Je meurs
en libéral impénitent. »

C'était pour le clergé de France un grand et
noble exemple, car, à son ardent amour de la
liberté, le P. Lacordaire joignait les vertus qui
font les prêtres selon le cœur de Dieu. Si nous
étions tous entrés dans le sillon lumineux qu'il a
tracé, nous aurions évité peut-être bien des mé-
comptes. Mais laissons le passé pour regarder le
présent et nous tourner vers l'avenir.

Or, dans le présent, quelle est l'attitude du
clergé par rapport à la politique?

La grande majorité du clergé sort du peuple;
quelques prêtres sont fils de bourgeois, très peu
appartiennent à l'aristocratie, par conséquent le
clergé, considéré dans son ensemble, ne rencontre,
dans ses traditions de famille, rien qui l'éloigne de

la démocratie. Ses croyances ne sont pas un obstacle à sa fusion dans le grand courant qui porte
les destinées du pays puisque la démocratie est,
au fond, l'application sociale des maximes évan-
géliques. Il n'y a donc pas et il ne peut y avoir
d'opposition irréductible entre le clergé et les
temps nouveaux. Mais il y a eu des malentendus
exploités par des hommes qui auraient voulu se
servir du clergé comme d'un instrument d'opposition politique; il y a eu aussi les préjugés d'un
autre âge ravivés par la haine des sectaires.

La sagesse de Léon XIII a coupé court à
l'exploitation du clergé par les partis d'opposition,
et j'ai souvent entendu des prêtres dire qu'ils
comprenaient qu'on voulait plutôt se servir d'eux
que servir la cause qu'ils représentent. Quant aux
haines des sectaires, elles sont irréconciliables;
elles ne désarment jamais. Afin de se mettre à
l'abri de leurs fureurs, le clergé n'a pas de moyen
plus sûr que de se confier, pour la défense de ses
droits, aux soins de ceux qui, sur le terrain constitutionnel, préparent l'avénement de la justice et
de la liberté.

Je vous parlais tout à l'heure du P. Lacordaire; mais je me reprocherais de ne pas vous
rappeler aussi le souvenir plus lointain d'un autre

prêtre français, M. Émery, le vénérable supérieur
de Saint-Sulpice. Dans des temps plus troublés
que les nôtres, il nous a laissé l'exemple d'une
sagesse consommée et d'un dévouement absolu à
l'Église.

M. Émery a mis en pratique ce principe qui, à
mon avis, doit être la règle de tout prêtre condamné à vivre dans une société tourmentée et à
des époques particulièrement difficiles. Ce principe est celui-ci : Fermeté inexorable quand il
s'agit de la conscience et de la foi; concessions
aussi larges que possible en politique, quand elles
sont nécessaires ou simplement utiles à l'intérêt
religieux.

Plutôt que de se soumettre à la Constitution
civile du clergé, M. Émery demeura plusieurs
mois en prison, attendant, d'un moment à l'autre,
l'heure de monter sur l'échafaud. Plus tard, alors
que tout tremblait devant Napoléon, M. Émery
osa lui résister en face et lui prouver qu'il avait
tort.

Or, cet homme qui ne recula ni devant le bour-
reau, ni devant l'Empereur montra la plus grande
condescendance au sujet des décrets de la Convention, qui n'engageaient pas la conscience et qui
pouvaient s'interpréter d'une façon acceptable. Il

se passa alors quelque chose d'étrange. Le célèbre abbé Maury, devenu évêque, et qui vivait bien tranquillement en Italie à l'abri des dangers auxquels étaient exposés les prêtres restés en France, fut horriblement scandalisé de *la faiblesse* de M. Émery. Il taxa la soumission aux décrets de concessions exécrables, impies, abominables. Son indignation intransigeante ne connaissait pas de bornes; il ne comprenait pas la lâcheté des prêtres qui consentaient à passer sous le joug. Attendons quelques années, et nous verrons ce même abbé Maury archevêque de Paris par la grâce de Napoléon et contre la volonté du Pape, retenu prisonnier par le maître dont le cardinal félon était l'un des plus souples courtisans. Il expia cruellement sa félonie. A la chute de l'Empire, il fut pris de terreurs folles et il s'abaissa au point de vouloir implorer la protection de l'empereur Alexandre pour continuer sa lutte contre le Pape. Il disait à la duchesse d'Abrantès : « Cette cour de Rome qui s'imagine qu'elle est quelque chose, parce que le Pape est reconnu par des souverains schismatiques et protestants, croit encore qu'elle peut agir comme au temps où ces imbéciles condamnaient Galilée!. Mais ils se trompent, j'emploierai le crédit d'un schismatique pour leur faire la figue... Ils sont capables de m'enfermer dans un couvent situé dans les montagnes les plus sauvages des Apennins..., en attendant je défends ma peau. »

Où était alors ce beau rôle que scandalisaient la sagesse et la prudence éclairée de M. Émery? Tant il est vrai qu'une certaine intransigeance n'est pas le zèle.

Je vous prie de bien remarquer que, lorsque je parle de concessions, il s'agit uniquement de concessions faites sur des questions d'ordre humain, comme, par exemple, la politique. Oui, sur ce terrain, je suis, comme M. Émery, partisan de toutes les concessions possibles. Je vais même plus loin et je dis que je ne comprends pas qu'un prêtre hésite, lorsque le bien des âmes peut en résulter, à accepter une forme de gouvernement voulue par la majorité du pays. A quoi bon élever, entre les âmes et nous, cette barrière que nous pouvons si facilement supprimer sans sacrifier la moindre parcelle de notre croyance? Nous serons plus près des âmes et, par conséquent, plus à même de les gagner à notre foi, si nous nous rencontrons avec elles autour du même drapeau.

Mais, s'il s'agit du dépôt sacré de la foi, oh! sur cette question, toute concession est impossible. Sous prétexte d'élargir l'entrée du temple, il ne nous est pas permis d'en enlever une seule pierre. Que l'on soit prudent dans la défense et la propagation de la foi; qu'on ne présente pas maladroitement les vérités révélées, à des âmes peu préparées à les recevoir; que l'on ménage la lumière par degrés et que l'on proportionne le fardeau aux forces de celui qui doit le porter, rien de mieux; c'est ce que faisaient les apôtres. Mais mutiler le *Credo*, pour le rendre plus accessible, c'est ce qui n'est jamais permis; ce serait l'apostasie.

Vous avez, peut-être, entendu dire qu'une partie du clergé de France s'était laissé gagner par la philosophie de Kant. Je souhaite que l'on exagère; il est possible cependant qu'il en soit ainsi. Cela serait infiniment regrettable, car rien n'est plus propre à fausser le jugement que la philosophie de Kant.

Si une partie du clergé s'est réellement laissé entamer par le Kantisme, je ne crois pas que l'aberration dure longtemps, car cette philosophie, comme, du reste, tout ce qu'on est convenu d'appeler la philosophie allemande, n'a pas le sens commun. On peut dire d'elle ce que Schopenhauer (un allemand) disait de la philosophie de Hégel : « Sa profondeur apparente n'est qu'un abîme d'absurdités. »

L'étude de saint Thomas, en honneur dans les grands séminaires, surtout depuis Léon XIII, mettra toutes choses en place.

Comme philosophe et comme théologien, saint Thomas a atteint le sommet de la pensée humaine. Rien ne peut lui être comparé. Sa doctrine n'a pas vieilli parce que la vérité est toujours jeune. Ceux-là seuls qui ne l'ont pas lu, ou qui n'en ont qu'une connaissance superficielle, pensent qu'il est temps de le remplacer et de faire mieux que lui; qu'on ne peut pas s'immobiliser dans l'ornière scolastique et que la pensée théologique moderne réclame un enseignement nouveau. Mais ceux qui ont étudié et longtemps médité les œuvres du maître savent que nul n'a fouillé les profondeurs d'une main plus sûre, ni gravi les cimes d'un pas plus assuré; ils savent qu'à sa suite on ne s'égare pas et ils écoutent avec recueillement sa parole toujours si claire, toujours si précise qui répand comme des gerbes de lumière sur les plus difficiles problèmes.

L'étude attentive et persévérante de saint Thomas donne des habitudes intellectuelles de précision et de netteté; elle communique le goût impérieux des démonstrations rigoureuses; elle inspire le respect de la tradition et le sens délicat de l'orthodoxie. Un prêtre qui, sans avoir été préparé par cette forte discipline intellectuelle, aborde des questions de théologie proprement dite ou d'exégèse, est fort exposé à se contenter d'à peu près, à confondre les apparences avec les réalités, à mettre un système préconçu à la place de la vérité théologique ou historique. Il laissera flotter sa pensée indécise sur des sujets qu'il ne sait pas saisir d'une main assez ferme, et, finalement, il émettra, sans preuves suffisantes, des opinions plus que contestables, qui donnent le droit de suspecter l'intégrité de sa foi. Or, la foi du prêtre doit être au-dessus de tout soupçon; elle est notre bien suprême; c'est par elle que nous pouvons quelque chose pour remplir notre mission; sans elle, nous ne sommes plus que des rameaux desséchés du grand arbre dont le Christ a dit que les oiseaux du ciel viennent s'y reposer.

# X

## LA DÉMOCRATIE ET LA SOUVERAINETÉ
## NATIONALE

**Cher ami,**

Quand les jacobins méditent un guet-apens pour
étrangler la liberté, ils s'embusquent derrière la
raison d'État, comme des malfaiteurs dans un
buisson. Parfois aussi ils invoquent la démocratie;
ils parlent des vœux de la démocratie; des réformes
réclamées par la démocratie. C'est ainsi qu'ils ont
présenté la loi de séparation comme une réforme
réclamée par la démocratie. Je n'ai pas besoin de
vous faire remarquer que la démocratie avait si
peu réclamé cette loi qu'elle n'y avait même pas
pensé.

Il y avait d'autres réformes démocratiques bien
autrement urgentes que celle qui consiste à couper
les vivres à des milliers de prêtres, tous fils du peuple. N'importe! la démocratie veut ceci, elle veut
cela, ce qui signifie : « Je suis le maître, obéissez ».

Les jacobins se servent donc de la démocratie comme d'un instrument de règne, absolument comme Philippe II se servait de l'Inquisition. Car les jacobins n'ont rien inventé; ils sont les sinistres plagiaires des pires despotes; seulement, quand on endosse la casaque de Philippe II, il n'y a pas de quoi être fier.

Non, la démocratie n'est pas et ne peut pas être un instrument de règne entre les mains de quelques sectaires; elle n'est pas non plus une forme politique passagère; elle est un état social permanent fondé sur le double principe de l'égalité devant la loi et de la souveraineté nationale. Elle est une participation toujours plus active des masses à la direction des affaires et la grande idée qui l'anime est un effort persévérant pour améliorer la condition des humbles.

Je dis, d'abord, que la démocratie est un état social et *permanent*.

Quand on suit, à travers les âges, l'évolution sociale de la France, on est frappé de la persistance d'un fait qui est comme le trait caractéristique de notre histoire. Ce fait est le progrès constant, ininterrompu du Tiers État, depuis les communes des onzième et douzième siècles jusqu'aux États Généraux de 1789. Aussi Mirabeau ne se trompait pas quand il disait : « Dans cet ordre féodal dont on a tant médit, c'était du moins une maxime constante, que nul homme ne pouvait être taxé que de son consentement. Ce principe renferme le premier droit et le premier garant de la liberté. »

Parallèlement à cette évolution et à ces principes qu'on devaient retrouver plus tard sous les débris d'un régime qui avait fait dévier le cours naturel du génie de la nation, nos pères gardaient toujours, au milieu de mille vicissitudes, la maxime fondamentale de la souveraineté nationale. Cette évolution, ces principes et cette maxime devaient aboutir fatalement au triomphe définitif de la démocratie qui tient, vous le voyez, aux entrailles de notre histoire. Voilà pourquoi je dis qu'elle est un état permanent, car elle est le terme de la route que la France a suivie pendant des siècles. Nous devions arriver là ; voilà pourquoi nous y resterons.

Mais il ne suffit pas d'esquisser, en quelques lignes, un tableau que l'on pourrait croire fantaisiste ; il est nécessaire d'entrer dans quelques détails et de préciser.

Le premier indice que l'on puisse constater de la prépondérance et des progrès futurs du Tiers État remonte au règne de Charlemagne.

Ce grand homme, qui possédait à un si haut

degré la science du gouvernement, avait compris l'importance de la culture intellectuelle. Il fonda des écoles jusque dans son palais. Il assistait souvent aux leçons; il réprimandait les négligents et récompensait les écoliers studieux. Quand il remarquait que les fils des grands se laissaient devancer par les fils des paysans, il leur disait avec colère : « Vous comptez sur les services de vos pères, mais sachez qu'ils en ont été récompensés, et que l'État ne doit rien qu'à celui qui mérite par lui-même. » On voit là se dessiner les directions que vont prendre les deux forces sociales en présence. A mesure que les siècles se dérouleront, les fils des grands abandonneront la culture intellectuelle pour se consacrer au métier des armes, tandis que, silencieusement, les fils des paysans acquerront les lumières et la capacité qui font les administrateurs, les légistes, les conseillers éclairés, et il arrivera un jour où le savoir sera plus fort que l'épée.

Or, à l'époque où les fils des paysans préparaient l'avenir, l'Église était l'unique dépositaire de la science; le mot *clerc* était synonyme d'homme instruit. De plus, avec sa doctrine de l'égalité des hommes devant Dieu, et sa coutume d'élever aux dignités ecclésiastiques les fils des serfs et des manants, elle déposait, au sein de cette société qui ue connaissait que la force et les prérogatives du sang, des germes indestructibles qui s'épanouiront en une abondante moisson dont nous cueillons aujourd'hui les fruits. Qu'elle le veuille ou non, la démocratie moderne est donc la fille de l'Église.

Après la dislocation de l'empire de Charlemagne, consacrée par le traité de Verdun, en 843, la France, séparée pour toujours de l'Allemagne et de l'Italie, se divisa elle-même en une multitude de grands fiefs dont la création fut un danger sérieux pour l'unité nationale. Le but constant de la Royauté fut, dès lors, d'amoindrir l'importance des grands vassaux et de travailler sans relâche à maintenir l'unité de la nation. Il serait ridicule de méconnaître cet immense service que la Royauté a rendu à la France.

Pendant que s'élaborait cette lente transformation de la société française, il se formait une race d'hommes qui continuaient les traditions des écoliers studieux de l'époque de Charlemagne.

Dès la seconde moitié du onzième siècle, ils furent assez forts et assez habiles pour se gouverner eux-mêmes et pour créer des institutions libres qui reçurent le nom de *communes*. Les communes furent, pour les manants, la légalité substituée à l'arbitraire. Elles se multiplièrent presque à l'infini au douzième et surtout au treizième siècle. Elles se fondèrent : les unes, à prix d'argent, quand les vilains achetaient au seigneur besogneux, pressé de partir pour la croisade, les concessions qui faisaient d'eux des hommes libres; d'autres, par la force, quand les violences du seigneur avaient lassé la patience des vassaux. Quelquefois, dans le Midi surtout, les souvenirs de l'ancienne organisation municipale se réveillèrent pour augmenter la juridiction des magistrats librement élus. La Royauté favorisa ce mouvement qui se développait au détriment de la féodalité. L'Église lui donna une force nouvelle par le nombre toujours croissant des affranchissements individuels qui étaient, disaient les évêques, le plus bel ornement des fêtes chrétiennes. Suger, abbé de Saint-Denis et sorti, comme tant d'autres grands personnages de l'Église, du rang des opprimés, affranchit tous les serfs de son abbaye.

C'est ainsi que commença cette révolution qui ne devait aboutir que sept siècles plus tard, mais dont la marche ne fut jamais arrêtée. Car, lorsque la Royauté absorba les communes, au quatorzième siècle, le peuple qu'elles avaient formé se montra, c'était le Tiers État. Il fut le fidèle allié de la Royauté dans sa lutte contre l'aristocratie féodale, et, de même que les rois avaient favorisé la création des communes, de même ils s'appuyèrent sur le Tiers État pour continuer l'œuvre de l'unité française. Celui de nos rois, Louis XI, qui contribua le plus à la création de cette unité par la destruction des grandes maisons féodales, fut aussi celui qui favorisa le plus l'importance du Tiers État. Il multiplia les États provinciaux. Sous son règne, on vit se réunir les *trois ordres* dans la Champagne, le Dauphiné, la Guyenne, la Normandie, le Languedoc et la Provence. Il autorisa souvent les assemblées des bourgeois et la libre élection de leurs magistrats; il déclara *nobles* ceux qui avaient rempli certaines fonctions municipales, et il décréta qu'un noble ne dérogeait pas en s'adonnant au commerce. On ne pouvait pas porter à la féodalité des coups plus sensibles puisque, après l'avoir anéantie comme puissance politique rivale de la Royauté, Louis XI lui enlevait même son caractère de classe sociale distincte du reste de la nation.

Richelieu acheva de disperser ce qui restait de l'édifice féodal, de sorte qu'il n'y aura désormais en France que deux forces en présence : le roi et le peuple. Mais après l'épanouissement complet de la Royauté sous Louis XIV, le prestige va toujours en diminuant, tandis que le Tiers État n'a jamais cessé de s'élever. Sauf les grandes charges militaires occupées encore par les descendants de ceux que la Royauté a vaincus, le Tiers État est partout; l'heure n'est pas loin où il sera tout. Alors sera réalisé ce mot profond de Charlemagne que je vous citais tout à l'heure : « L'État ne doit rien qu'à celui qui mérite par lui-même. »

Vous le voyez, l'histoire à la main, on peut suivre l'évolution de la société française qui devait aboutir naturellement au point où nous en sommes.

Je vous disais aussi que, parallèlement à la marche ascendante du Tiers État, nos pères conservèrent toujours la maxime de la souveraineté nationale.

La souveraineté nationale suppose le droit, pour la nation, d'élire son chef et l'influence prépondérante dans le maniement des affaires de l'État.

Le droit d'élection a été affirmé par les faits dès l'origine de la société française.

En 456, les Francs détrônèrent Childéric, père de Clovis, et élurent à sa place le romain Egidius qui régna huit ans, après lesquels Childéric fut rappelé. Pépin le Bref fit enfermer Childéric III dans un couvent et fut élu à Soissons en 752. Il laissa deux fils, Charles et Carloman, qui régnèrent, dit Eginard, « par le consentement des Francs. » Charlemagne était tellement convaincu que le consentement de la nation était la condition *sine qua non* de la Royauté que, dans la Charte de 806, promulguée pour le partage de son Empire entre ses trois fils, il dit : « Si l'un des trois frères laisse un fils et *que le peuple veuille l'élire...* » Le même principe présida à l'avènement de Hugues Capet. On discutait la candidature d'un Carlovingien, Charles, duc de Lorraine; l'archevêque de Reims Adalbéron trancha la question en disant : « Le royaume ne s'acquiert pas par droit héréditaire. »

Cette doctrine se retrouve à toutes les pages de notre histoire.

Elle fut proclamée solennellement aux États Généraux de 1483, quand le seigneur de la Roche dit : « Comme je l'ai appris de mes pères, dans l'origine, le peuple souverain créa des rois par son suffrage ». La Ligue réclama hautement le droit de la nation et, en plein dix-septième siècle, Bossuet lui-même avouait que « le pouvoir des rois ne vient pas tellement de Dieu qu'il ne vienne aussi de la nation. » Quand le Parlement cassa le testament de Louis XIV, il n'oublia pas de rappeler ce point fondamental de notre droit public dont Massillon se fit l'écho fidèle dans son célèbre *petit* carême, prêché dès le commencement du règne de Louis XV.

Il est donc incontestable que le principe de l'élection fait partie intégrale de notre tradition nationale.

Mais ce qu'il y a de véritablement étrange c'est que, à une certaine époque, un autre principe, celui du droit divin des rois sans participation aucune du suffrage populaire, s'est substitué à l'ancienne doctrine de la souveraineté nationale, et a été accepté comme l'expression d'une vérité traditionnelle.

Or, rien n'est plus faux. La théorie du droit divin des rois n'est ni ancienne, ni française. Elle n'est pas ancienne, puisque c'est Jacques Stuart qui, le premier, s'en fit le propagateur afin de battre en brèche le pouvoir du Pape en lui opposant un pouvoir de droit divin au même titre que celui du Pontife; elle n'est pas Française, elle est une importation Anglaise.

Elle fut ardemment combattue par le plus grand théologien de l'époque, Suarez qui, pour la réfuter composa, sur l'ordre de Paul V, son grand ouvrage *De la défense de la foi*.

Naturellement, les rois de France s'empressèrent d'adopter un système qui mettait leur pouvoir au-

dessus des revendications populaires. Voilà pourquoi Louis XVIII datait la charte de 1814 de la
dix-neuvième année de son règne; mais il n'est au
pouvoir de personne de changer l'histoire et de
transformer en tradition nationale française et
catholique une nouveauté étrangère et protes-
tante.

Ce qui est au moins aussi étonnant que cette
substitution d'une nouveauté à la tradition, c'est
que, longtemps, on a cru, en France, que la
croyance au droit divin des rois, entendu dans le
sens que je viens de dire, était comme une obligation pour les catholiques, tandis qu'ils devaient
se défier de la souveraineté nationale comme sen-
tant un peu trop le fagot.

Or, c'est exactement le contraire qui est vrai. Le
savant historien de l'Église, l'abbé Rohrbacher, a
donc bien raison de dire que les Français qui
regardent la souveraineté nationale comme une
nouveauté révolutionnaire de 89 ne savent pas un
mot de l'histoire de leur pays.

Je vous disais aussi que la souveraineté nationale suppose le droit de la nation d'intervenir
d'une manière efficace dans la direction des affaires publiques.

Cette doctrine a été maintes fois affirmée par

nos États Généraux qui, surtout en matière de finances, y regardaient de très près.

En 1355, les États promirent au roi Jean le Bon un subside de cinq millions de livres parisis, mais ils exigèrent que cet argent restât entre les mains de receveurs comptables envers les États seuls et qui devaient justifier de l'emploi de la totalité de la somme.

L'année suivante, pendant la captivité du roi, les États dont la moitié des membres appartenaient au Tiers État nommèrent un conseil composé de 4 prélats, de 12 chevaliers et de 12 bourgeois qui assisteraient le régent dans l'administration du royaume.

Les députés de 1484 affirmèrent que les États Généraux étaient les dépositaires de la puissance suprême, et ils rappelèrent qu'ils avaient exercé l'autorité dans toute sa plénitude sous Philippe IV et ses fils, sous Philippe de Valois et pendant la régence de Charles V.

Les premiers États de Blois, en 1576, insistèrent sur la distinction entre les lois faites par le roi et révocables à volonté, et les lois faites par les États ou lois *fondamentales* qui ne pouvaient être modifiées que du consentement de la nation.

Il est inutile de poursuivre plus loin ; j'en ai dit assez pour vous prouver que, lorsqu'on étudie la marche et l'évolution de la nation française, on peut se convaincre que la démocratie moderne est le terme où elle devait nécessairement aboutir.

La République est la forme politique naturelle de la démocratie, mais elle n'en est pas la forme *nécessaire* : le césarisme peut très bien s'en accommoder. On aura alors l'égalité dans la servitude. Il est évident qu'on prépare l'avènement d'un César quand on pratique les mœurs du césarisme, c'est-à-dire l'arbitraire, le mépris hautain de la liberté individuelle, quand la terreur et la délation sont érigées en principe de gouvernement. On est le précurseur de César quand, au Parlement, on étrangle une discussion d'où pouvait sortir la garantie du droit ; quand on transforme un gouvernement qui, en soi, doit être une maison ouverte à tous, en un cénacle fermé à quiconque regimbe contre la servitude. Quand on a familiarisé une nation avec ce spectacle démoralisateur, César peut venir, tout est prêt pour le recevoir ; il n'y aura qu'une étiquette à changer.

Voilà le travail auquel se livrent les jacobins. Que tous ceux qui ne veulent pas d'un César s'unissent donc pour les arrêter dans leur œuvre de décomposition sociale et de destruction de la République.

# XI

## LA LIBERTÉ D'ENSEIGNEMENT

Cher ami,

Louis XI n'a pas laissé la réputation d'un libéral, je crois, du reste, que c'était le moindre de ses soucis. Le compère Tristan professait, comme son maître, le plus profond mépris pour les formes lentes et tutélaires de la justice : un homme cousu dans un sac et jeté à la rivière, et c'était tout. Un jour, Tristan se trompa. Au lieu de faire coudre dans le sac un chevalier qui agaçait le roi, il y fit mettre un moine que Louis XI estimait beaucoup. Mais que faire? La justice humaine n'est pas infaillible.

Or, un jour, ce roi peu endurant, entendit parler du bruit que faisait dans les écoles la question *des universaux.*

Je vous fais grâce de la thèse philosophique. Qu'il vous suffise de savoir que la question des universaux agitait l'éternel problème de l'origine,

de la valeur réelle ou chimérique des connais-
sances humaines. Les philosophes se divisaient, à
propos des universaux, en deux camps : *les nominalistes* pour lesquels nos idées ne sont pas l'image
des réalités extérieures, mais seulement des formes
de notre esprit; *les réalistes* qui, au contraire,
admettaient l'identité entre l'idée et l'objet. Comme
toujours, il y avait aussi des philosophes qui se
tenaient entre ces deux extrêmes; ceux-là étaient
les sages.

Quoi qu'il en soit du problème philosophique,
le bruit que faisaient les philosophes importunait
Louis XI. Il les trouvait trop turbulents, et, bien
qu'il fut lui-même très bavard, il n'aimait pas
qu'on parlât fort autour de lui. Il eût donc une
idée. Il fit clouer dans les bibliothèques les livres
des nominalistes, et obligea par serment ces philosophes à se taire désormais pour ne plus troubler
l'ordre public.

Vous soupçonnez, sans doute, que Louis XI se
souciait assez peu d'un système philosophique,
mais il voulait établir l'unité morale dans son
royaume. Et voilà comment, au quinzième siècle,
sous le règne du plus despotique de nos rois, on
entendait la liberté d'enseignement...

Or, pour les jacobins, c'est l'idéal. Ils ne l'ont

pas atteint encore, mais ils ne désespèrent pas de le réaliser. Qu'on les laisse faire et ils seront bientôt à la hauteur de Louis XI.

Leur thèse est simple : la liberté d'enseignement n'est pas de droit naturel, elle est une concession de l'État.

Je dis que, pour soutenir cette thèse, il faut, ou n'avoir jamais réfléchi pendant cinq minutes, ou être tellement affolé par la fureur despotique, que la seule pensée d'une liberté qui ne serait pas *octroyée* par l'État fait oublier les notions les plus élémentaires du sens commun.

Comment? la liberté d'enseigner serait une concession de l'État! Mais sur quoi donc peut-on appuyer ce principe qui consacre la spoliation, au profit de l'État, de ce qu'il y a en nous de plus intime, de plus libre, de plus noble : la pensée?

Est-ce l'État qui m'a donné ma pensée? Est-ce l'État qui m'a donné la faculté d'acquérir la science? Est-ce à l'État que je dois demander l'autorisation d'étudier l'histoire, par exemple, plutôt que la chimie? Qui donc oserait soutenir de pareilles énormités? Non, l'État n'a pas le droit d'intervenir entre ma pensée et la science que j'ai acquise.

Or, je vous prie de bien remarquer ceci, car toute la question est là : j'ai le droit de communi-

quer ma science au même titre que j'ai eu celui
de l'acquérir, car la communication de la pensée
enrichie de science est aussi naturelle que la communication d'une pensée quelle qu'elle soit, de
telle sorte que, si l'État a le droit de m'empêcher
de communiquer ma science, c'est-à-dire d'enseigner, il doit avoir aussi le droit de m'interdire
toute communication de ma pensée. S'il peut m'interdire de vous faire part de ma pensée scientifique, pourquoi n'aurait-il pas le droit d'assister à
toutes nos conversations, de s'y faire représenter
par un gendarme qui m'imposera silence quand je
vous apprendrai quelque chose que vous ne savez
pas, c'est-à-dire quand je vous enseignerai?

Vous voyez où conduit logiquement ce principe : la liberté d'enseignement est une concession
de l'État.

Je sais bien que les partisans du monopole de
l'enseignement accaparé par l'État n'appliquent
leur principe que lorsqu'il s'agit des écoles. Mais
qu'elle différence y a-t-il, au point de vue du droit,
entre enseigner à un seul ou enseigner à plusieurs
dans un local spécial et à des heures déterminées?

Je ne nie pas à l'État un droit de surveillance
sur l'enseignement public; je n'examine en ce
moment que le principe : l'enseignement est une

concession de l'État, et j'en fais ressortir les conséquences absurdes, c'est-à-dire la fausseté absolue.

Il n'y a pas seulement l'enseignement oral, il y a aussi l'enseignement écrit. En vertu de la maxime jacobine, l'État doit avoir aussi le droit d'interdire l'enseignement écrit. Or, le journal et les livres sont un enseignement écrit; les lettres privées elles-mêmes peuvent parfois revêtir ce caractère; par conséquent, nul ne pourra, sans l'autorisation de l'État, écrire un article, publier un livre ou entamer avec un ami une correspondance scientifique.

C'est la mainmise de l'État sur toutes les manifestations de la pensée : peut-on concevoir un absolutisme plus révoltant?

Examinons maintenant le principe jacobin appliqué à l'enseignement oral public, c'est-à-dire à la création des écoles.

De quel droit l'État se réserverait-il le monopole de ces créations? De quel droit pourrait-il dire : « J'interdis toute fondation d'école qui ne sera pas à moi et où il y aura des maîtres autres que ceux auxquels j'ai donné mon estampille officielle. »

Mais, cher ami, cherchez ce droit, vous ne le trouverez pas, par la raison qu'il n'existe pas. Le droit n'existe pas, mais il est suppléé par la force brutale, ce qui est, par excellence, la méthode jacobine.

Hé quoi! parce que je ne suis pas de ceux auxquels l'État a dit : « Je vous reconnais le droit d'ouvrir une école », il ne me sera pas permis de réunir cinq ou six gamins pour leur apprendre à lire et à écrire? Non, cela ne me sera pas permis. Pourquoi? Demandez-le à cette divinité toute puissante, source unique de tous les droits et qu'on appelle l'État.

Pardon, j'oubliais que, moins qu'un autre, j'ai le droit de revendiquer la faculté d'enseigner. J'ai une tare, je suis marqué au front d'un signe qui ne me permet pas d'aspirer à la gloire d'enseigner dans une école, je suis congréganiste! Il y a là mille fois plus de raisons qu'il n'en faut pour que l'État ferme mon école, si j'avais l'audace d'en ouvrir une. Je sais bien que l'État *laïque* ne devrait pas me demander si je suis ou non congréganiste, puisque, en vertu même de sa laïcité dont il est si fier, il doit ignorer ce qui fait de moi un congréganiste, n'importe! « Vous n'enseignerez pas et taisez-vous. » Et c'est sur cette raison péremptoire qu'on s'est appuyé pour fermer des milliers d'écoles!

En vérité, dans quel pays sommes-nous?

Il faut cependant que les jacobins trouvent au moins un semblant de prétexte pour revendiquer le monopole de l'enseignement au profit de l'État. Ils en ont trouvé un, en effet, ils ont dit : « Nous voulons fonder *l'unité morale* du pays. » Ce qui signifie : « Il faut que tout le monde pense comme nous. » Et ces gens-là se disent libres-penseurs! Certes, ils ne sont guère libres-penseurs quand il s'agit de la liberté des autres.

Qu'entend-on par unité morale? Veut-on parler de l'unité de doctrines? Mais quelle est donc la doctrine de l'État? S'il en a, il faudrait qu'elle fût *une*, sans cela comment produirait-elle l'unité? Nous allons donc voir des gens qui ne croient à rien rédiger un symbole et l'imposer de force!

Veut-on parler de l'unité de sentiments? Va-t-on rendre obligatoire, par exemple, l'amour de la République? Cela suffirait pour la faire haïr. On ne décrète pas l'amour par ordonnance de police. S'il s'agit de l'amour de la France, nous n'avons, sur ce point, à recevoir de leçons de personne.

L'unité morale est donc impossible parce que tous les décrets du monde et le monopole le plus étroit ne détruiront jamais ni la liberté de la pensée, ni la liberté des sentiments. La nature se refuse à se courber sous ce niveau d'égalité qui ferait de tous les Français de pâles copies d'un modèle inventé par des despotes.

Quand même l'unité morale serait possible, elle ne serait pas désirable parce qu'elle détruirait la spontanéité individuelle. Imaginez un orchestre qui pendant des années répéterait toujours la même note : ce serait à faire mourir d'ennui. La diversité des opinions est l'une des conditions nécessaires de la vie intellectuelle et politique des peuples.

Du reste, le monopole de l'enseignement, loin de produire l'unité morale qu'on en attend, creuserait, au contraire, des sillons encore plus profonds entre les diverses classes de la société française. Loin de créer l'union, il susciterait des haines implacables.

L'honorable M. Gourju a éloquemment exprimé cette idée dans le beau discours qu'il prononça au Sénat, le 15 novembre 1903. Je cite ses paroles : « Les pères de famille qui vous livreront leurs enfants malgré eux, contre leur conscience, leur diront, non pas devant vous ni devant vos élèves, non pas ostensiblement, mais en cachette, dans le sein de la famille : « Mon enfant, tu n'es pas dans « une école, ni dans un collège, tu es dans un bagne;

« tu y es malgré nous ; on a forcé notre volonté
« pour que tu fusses sur ces bancs et nous ne vou-
« drions pas que tu y fusses. »

Avec quel accent indigné le père, dont on aura violé un droit sacré, dira à son enfant : « Tu es dans un bagne ! » Quelles justes colères il allumera dans cette jeune âme qui gardera toute sa vie les impressions de ses premières années. L'enfant entendra toujours résonner à son oreille les paroles qui lui ont révélé un régime tyrannique contre lequel son père protestait dans les épanchements du foyer domestique. Et vous appelez cela faire l'unité morale du pays ?

Ils voulaient aussi faire l'unité morale ceux qui, au seizième siècle, ensanglantèrent la France. Or, voici ce qui arriva.

Agrippa d'Aubigné raconte qu'il traversait un jour la ville d'Amboise avec son père. Les corps de suppliciés pendaient encore aux créneaux. Le vieillard se découvrit devant ces restes mutilés et, mettant la main sur la tête de son fils, il lui dit : « Mon enfant, il ne faut pas que ta tête soit épargnée après la mienne ; tu les vengeras ! »

En tenant compte de la différence des temps, voilà comment on sème la haine quand on veut faire l'unité par la force.

Faire l'unité n'est qu'un prétexte; ce que veulent les jacobins, c'est imposer leurs idées parce qu'ils ne peuvent pas supporter que l'on pense autrement qu'eux. Ils ont l'horreur instinctive de la liberté; elle est leur ennemie naturelle, et ils la poursuivent partout pour la chasser de partout.

Non, la liberté d'enseignement n'est pas une concession de l'État, elle est l'exercice d'un droit naturel.

L'homme a incontestablement le droit de communiquer sa pensée, parce que c'est la pente irrésistible de sa nature. Quiconque a une idée a le droit de la répandre, et l'État n'a le droit d'intervenir que lorsque la propagation de cette idée est nuisible au bien de tous. Mais, payer les uns pour parler et forcer, sur les mêmes questions, les autres à se taire, c'est un raffinement de despotisme dont les jacobins seuls sont capables. L'État payera les premiers pour enseigner des choses sur lesquelles les seconds n'auront pas le droit de dire un mot. Pourquoi cette différence? Tout simplement parce qu'il a plu à l'État de dire aux uns : « Vous enseignerez », et aux autres : « Vous n'enseignerez pas. » Louis XI ne faisait pas autrement.

Si la *Déclaration des Droits de l'homme* n'était pas aujourd'hui tellement « vieux jeu » qu'elle fait sourire de pitié les descendants « des grands aucêtres », je me permettrais de rappeler qu'elle proclame la liberté de l'enseignement.

L'article 11 est, en effet, ainsi conçu : *La libre communication des pensées et des opinions est un des droits les plus précieux de l'homme. Tout citoyen peut donc parler, écrire, imprimer librement, sauf à répondre de l'abus de cette liberté dans les cas déterminés par la loi.*

La Convention, qui n'était pas excessivement réactionnaire, déclare que « les citoyens ont le droit de former des établissements particuliers d'éducation et d'instruction, ainsi que des sociétés libres, pour concourir aux progrès des sciences, des lettres et des arts. »

Vous voyez que les jacobins n'ont pas le droit de se réclamer de la Révolution, à moins que ce ne soit de cette révolution qui coupait les têtes car, s'ils ne veulent pas couper les têtes, ils voudraient au moins couper les langues. Quand donc M. Maxime Lecomte disait à la tribune du Sénat, qu'il serait aux premiers rangs pour défendre les libertés proclamées par la Révolution française, il oubliait que la liberté d'enseignement est du nombre de ces libertés.

Puisque je viens de nommer M. Maxime Lecomte, laissez-moi vous faire part des réflexions que me suggère son discours au Sénat, du 6 novembre 1903.

Après les anathèmes obligés sur *le Syllabus*, (anathèmes qui sonnent faux, ainsi que je l'ai prouvé ailleurs), l'honorable sénateur expose sa thèse qui peut se résumer dans cette proposition : Il y a incompatibilité entre la qualité de prêtre et celle de professeur.

Le prêtre, en effet, parle au nom du Très-Haut; toute opinion opposée à sa foi est une erreur qu'il doit proscrire. Le professeur, au contraire, parle au nom de la raison et de la science, il jouit donc d'une liberté refusée au prêtre, d'où il suit que le prêtre ne peut que prêcher dans les églises et qu'il n'est pas apte à professer dans une école.

M. Maxime Lecomte a confondu deux choses parfaitement distinctes : le caractère sacerdotal et la science du prêtre. Ce n'est pas en qualité de prêtre qu'un abbé va passer des examens devant les professeurs de la Sorbonne pour obtenir les diplômes de licencié ou de docteur. S'il est reçu, ce ne sera pas au nom du Très-Haut qu'il ira réclamer le droit d'enseigner, ce sera au nom de ce diplôme qui lui aura été délivré par des professeurs laïques. S'il fait un cours de littérature, il n'accusera pas d'hérésie un élève qui préférera Lamartine à Victor Hugo et Hernani à Cyrano de Bergerac.

Si M. Maxime Lecomte avait prouvé que le prêtre est incapable d'acquérir toute autre science que la théologie, il aurait eu raison de dire que le caractère sacerdotal est incompatible avec le rôle du professeur de sciences ou de lettres; mais tant qu'il n'aura pas été démontré que les sciences humaines sont trop élevées pour la faiblesse de notre cerveau, je ne vois pas pourquoi on nous refuserait le droit d'enseigner celles que nous avons acquises.

L'honorable sénateur aurait dû poursuivre son principe jusqu'au bout en l'appliquant, non seulement aux prêtres, mais aussi à tous les laïques croyants. Pour eux aussi, en effet, toute opinion opposée à la foi est une erreur, puisque leur foi est absolument la même que celle du prêtre, par conséquent ceux-là seuls auraient le droit d'enseigner qui font profession de ne croire à rien.

La formule : « Le prêtre à l'église et le professeur à l'école », est donc un sophisme qui ne tient pas debout. Aussi, pour lui donner de la consistance, M. Maxime Lecomte l'a-t-il appuyé sur l'autorité de M. Buisson, de cet « homme dont on ne contestera

pas l'autorité en matière d'enseignement, qui est représentant du peuple et aussi président de la commission d'enseignement à la Chambre des députés, qui a eu un rôle très important dans l'organisation de l'enseignement dans ce pays ».
Voici les paroles de M. Buisson citées par M. Maxime Lecomte : « Le culte et l'enseignement supposent deux personnels distincts. Entre ces deux ordres de fonctions, il y a une incompatibilité que le législateur devra consacrer; il l'établira entre les fonctions parce qu'elle existe naturellement entre les deux institutions, l'Église et l'école; entre leur objet, entre leurs principes, leurs méthodes, leurs procédés. Le prêtre et le religieux considèrent comme un devoir sacré de garder précieusement la foi, de l'entretenir en eux, de la créer chez les autres; l'instituteur et le professeur tiennent pour premier de leurs devoirs de ne rien faire croire sans preuves et sans démonstration : la probité intellectuelle est leur idéal, comme la piété fervente est l'idéal des autres. »

M. Buisson nous accorde la piété, mais il nous refuse la *probité intellectuelle*, c'est-à-dire qu'il fait de nous ou des farceurs ou de pieux imbéciles; mais ce n'est pas là ce qui me frappe le plus dans les paroles que vous venez de lire. Elles m'ont rappelé un épisode que je vous demande la permission de vous raconter.

Il y a quelques années, il se fonda à Paris une école qui depuis a pris de très grands développements et dont le siège est 16, rue de la Sorbonne. Je suis l'un des fondateurs de cette école; je crois même que je dois ce titre à l'initiative personnelle de M. Buisson. Quoi qu'il en soit, il me fit l'honneur d'assister à ma première leçon. J'étais donc professeur à l'École des Hautes études sociales et, par conséquent, collègue de M. Buisson, qui ne pensait pas alors que mon caractère de prêtre fut incompatible avec le professorat. Il y a donc très peu de temps qu'on a découvert cette incompatibilité qu'on allègue maintenant pour fermer aux prêtres la porte des écoles. Que s'est-il passé? Rien, sauf quelques années de plus, je suis absolument le même. Si l'on me reconnaissait le droit d'enseigner quand j'avais pour collègues des professeurs de la Sorbonne et des lycées de Paris, pourquoi me le refuserait-on si je demandais de faire un cours dans une école primaire? Je ne comprends pas, et personne ne comprendra plus que moi, car il n'y a rien de changé, si ce n'est que M. Buisson a été élu député. Mais à l'époque où nous étions collègues à l'École des Hautes études sociales, il pensait sans doute que mon enseignement n'avait pas assez de retentissement, puisqu'il me demanda d'écrire aux instituteurs, dans la *Revue pédagogique*, dont il est le directeur, une lettre ouverte pour leur faire entendre « une parole de foi et de liberté. » J'écrivis cette lettre, elle fut publiée, on la trouvera dans la collection de la *Revue*, année 99. J'ajoutai à mon nom mon titre de *dominicain*. Je tremble encore à la pensée du danger que je fis courir à la République ; comment ne s'est-elle pas écroulée après un assaut aussi formidable ?

Jusqu'à présent, je n'ai examiné qu'un aspect de la question de l'enseignement : la liberté du professeur. Mais il est un autre élément dont il faut tenir grand compte : la liberté des parents.

M. Lintilhac, nourri de la pure doctrine d'Aristote, est très libéral à l'égard des parents. Il leur reconnaît le droit d'aimer leurs enfants. Cette concession est énorme. L'amour des parents pour leurs enfants date de si loin, il porte une si profonde empreinte d'ancien régime qu'on doit savoir gré à M. Lintilhac de sa tolérance à l'égard d'un abus si parfaitement réactionnaire. Et, cependant, l'honorable sénateur, en veine de libéralisme, ne s'arrête pas en si beau chemin. Il accorde encore aux parents le droit de faire réciter la prière à leurs enfants. Oui, il va jusque-là!

« Je crois, pour ma part, dit-il, que l'État a respecté ce droit (celui du père de famille) autant que possible, quand il a laissé au père le domaine du sentiment pour exercer sa tendresse; et aussi le domaine entier de la foi pour lui transmettre la sienne, si bon lui semble. Vous voyez, messieurs, comme nous sommes tolérants : car nous allons jusque-là. » Arrivé là, M. Lintilhac attend *avec une confiance scientifique* l'issue du combat entre « la raison raisonnante et la crédulité théologique. » Et la gauche du Sénat dit : Très bien!

C'est déjà beaucoup que d'infliger au Sénat de pareilles pauvretés, mais que penser d'un groupe parlementaire qui trouve cela *très bien?*

M. Lintilhac ajoute : « Mais dans le domaine de l'enseignement, l'État intervient *souverainement.* » C'est précisément ce qu'il faudrait démontrer. Il ne suffit pas de citer Aristote, il faut prouver par *des raisons raisonnantes* (pour me servir des expressions de M. Lintilhac) que l'État a le droit d'arracher les enfants à la famille pour les faire élever à sa guise contre le vœu des parents. Il ne suffit pas de se déclarer admirateur de la cité antique, telle qu'Aristote l'avait imaginée, il faut prouver que, sur ce point, Aristote a raison.

Avouez qu'il est étrange d'entendre un homme qui se dit républicain faire l'apologie d'un régime qui a été la plus complète expression de l'esclavage. Le mot de M. Clemenceau est parfaitement juste : « C'est un saut de deux mille ans en arrière ! »

Tant il est vrai que, dans leur aveuglement despotique, ces hommes, qui ont toujours sur les lèvres les mots de progrès et de liberté, feraient reculer l'humanité de deux mille ans plutôt que de supporter une pensée libre à côté de la leur.

Aux théories que M. Lintilhac a puisées dans la méditation des livres d'Aristote, je préfère celles d'un autre de ses disciples qui ne manquait pas d'une certaine pénétration : « Le respect des droits de tous, dit saint Thomas, est la seule raison d'être de l'État. »

Les partisans du monopole soutiennent que l'État a le droit d'imposer aux enfants un enseignement contraire aux idées des parents.

Si ce principe est vrai, je ne vois pas pourquoi l'État n'aurait pas aussi le droit d'imposer cet enseignement aux parents eux-mêmes. Les enfants sont la continuation de la personnalité des parents ; si l'État a le droit d'en prendre une partie, pourquoi ne prendrait-il pas le tout? Ne dites pas que les parents n'ont plus besoin d'aller à l'école; on les force à y aller, tout simplement. On fera pour eux ce qu'on fait pour leurs enfants, car il n'y a pas de limites aux excès de la force.

A moins d'écraser les parents sous le poids d'une tyrannie effroyable, on ne peut pas leur contester le droit d'inculquer à leurs enfants, dans le sein de la famille, les idées et les convictions qui leurs sont chères. Pour anéantir ce droit il faudrait envoyer, dans chaque foyer, un représentant de l'État chargé d'écouter aux portes et de faire irruption dans le cercle familial lorsqu'il entendrait une parole suspecte. On n'y a pas encore songé, mais on y viendra peut-être puisqu'on en prend le chemin. Par le monopole, en effet, l'État n'enverra pas, sans doute, un agent pour écouter aux portes, mais il s'emparera violemment de l'enfant et il l'enfermera dans un « bagne » où des gardiens, décorés du nom de professeurs, s'efforceront de contrecarrer l'éducation de la famille.

Peut-il y avoir une violation plus intolérable du droit?

Quand on sait quels sont, pour un chrétien, le prix et l'importance de la foi, on comprend les colères qui s'accumuleront dans le cœur du père de famille forcé d'envoyer son enfant à une école où il sera exposé à perdre ses convictions religieuses. Comme je vous le disais plus haut, la tyrannie du monopole fera de chaque père chrétien un ennemi implacable du régime qui l'aura imposé. Prônez tant que vous le voudrez les théories d'Aristote, elles n'apaiseront pas les tempêtes que vous aurez déchaînées.

Les partisans du monopole aspirent à la conquête des esprits, ils veulent que les âmes aillent à eux et ils choisissent le plus sûr moyen de les faire fuir. On n'enchaine pas les âmes par la force, on les gagne par la liberté. C'est avoir une bien médiocre estime de la valeur et de l'influence intrinsèque des idées dont on souhaite le triomphe que de leur donner l'appui brutal de l'État. Quand on est fortement convaincu, on n'a pas peur de la liberté. Laissons au passé, qui ne nous appartient plus, des procédés qu'il croyait efficaces, qui n'ont pas réussi et dont l'emploi serait aujourd'hui un anachronisme et un aveu d'impuissance intellectuelle. Ayons les uns et les autres confiance en la liberté. Elle donnera la victoire aux apôtres les plus fortement convaincus de la justice de leur cause, aux hommes qui travailleront sans relâche à la propagation de leur foi. Quand on se sent

au cœur une conviction indomptable, on ne redoute
pas la contradiction, parce qu'on est certain d'avoir
raison et que la vérité finit toujours par l'emporter
sur sa rivale. Autant l'intelligence est rebelle aux
menaces de la force, autant elle est docile à la per-
suasion de la vérité. C'est l'éternel honneur de
l'âme humaine de pouvoir disposer librement
d'elle-même et de n'accepter d'autre joug que
celui qui ne l'humilie pas à ses propres yeux. La
force n'a qu'un temps; ce n'est pas toujours la
même main qui tient le glaive. Il blessera demain
ceux qui veulent s'en servir aujourd'hui; mais, si
nous voulons préparer les jeunes générations à la
pratique de la liberté, ne leur donnons pas
l'exemple du despotisme.

# XII

## LES SOCIALISTES

Cher ami,

Après les journées de juin, Proudhon, traduit en justice, dit au président qui l'interrogeait :
« — J'étais allé contempler les sublimes horreurs de la canonnade. — Mais, reprit le président, n'êtes-vous pas socialiste? — Certainement, M. le président. — Mais alors, qu'est-ce donc que le socialisme? — C'est toute aspiration vers l'amélioration de la société. — Dans ce cas, répliqua le président, nous sommes tous socialistes. »

Il est évident que les objections contre le socialisme tombent devant cette définition de Proudhon.

Il n'est personne, en effet, qui ne désire une société toujours meilleure; toujours plus de justice, toujours plus de charité (on dit aujourd'hui solidarité, mais la chose est la même); toujours un sort plus doux pour ceux qui souffrent et sur lesquels pèse plus lourdement le fardeau de la vie. Il suffit d'être homme pour se laisser émouvoir au spectacle des souffrances d'autrui et pour souhaiter d'y porter remède.

Quand on écoute les bruits qui montent de la foule, on entend, comme sur les grèves battues par les flots, une plainte immense faite de sanglots, de cris de douleurs et de larmes inconsolables. Il s'y mêle parfois sans doute la note de la joie fugitive des heureux de ce monde, mais elle s'entend à peine et elle se perd dans la grande voix des douleurs humaines.

A part quelques égoïstes maudits, tout homme se sent remué jusqu'au fond quand il pense aux enfants qui ont faim, aux mères qui pleurent, aux pères sans travail, à la misère noire de tant de foyers désolés. On voudrait faire luire un rayon de soleil dans chaque mansarde, apporter l'espérance à ceux qui se désespèrent, du pain à ceux qui ont faim, des vêtements à ceux qui ont froid.

Surtout le chrétien qui n'a pas oublié la parole du Maître : « Quand vous ferez ces choses au plus petit d'entre les miens, c'est à moi-même que vous l'aurez fait », sent jaillir de ses entrailles une source inépuisable d'amour dévoué et de miséricorde infinie. Il va s'installer au chevet des malades, il entre dans les réduits où ses frères pleurent, il leur fait une large part des biens que la Providence lui a départis et, au souvenir de Celui qui fût pauvre, il donne au pauvre plus que du pain, il lui donne aussi le respect et l'amour. Et le pauvre comprend qu'il n'est pas délaissé, qu'on s'intéresse à lui, qu'on l'aime; la haine s'apaise et la plaie de son âme se cicatrise comme celle sur laquelle le Samaritain de l'Évangile avait versé le baume et l'huile.

Le Christianisme a élevé au rang d'une vertu divine ce sentiment si naturel qui nous pousse à nous pencher vers le pauvre pour l'aider à porter sa croix; il a fait de l'amour du prochain et, en particulier, du prochain qui souffre, le résumé de la doctrine qu'il a révélée au monde.

Or, il est des hommes qui, non seulement ont voulu accaparer pour eux seuls un sentiment commun à toutes les âmes généreuses, mais qui font, d'une loi d'amour, un instrument de haine et, d'un précepte essentiellement chrétien, une arme contre le Christianisme : j'ai nommé les socialistes politiques.

Il est impossible, je crois, de constater un renversement plus complet des idées et des choses.

J'entends ici par socialiste ce parti politique pour lequel les prétendus intérêts du peuple sont un tremplin électoral et un moyen d'influence parlementaire; qui entretient entre les patrons et les ouvriers la haine ou du moins la défiance, et qui trompe le prolétariat par l'espérance d'un remaniement irréalisable dans les conditions actuelles de la propriété.

D'abord, de quel droit les socialistes accapareraient-ils, pour eux seuls, le souci des intérêts populaires? Ils veulent, disent-ils, que le peuple soit plus heureux. Mais, comme le faisait remarquer le président qui interrogeait Proudhon, nous le voulons tous. Les socialistes n'ont pas le monopole du dévouement aux petits et aux humbles, et leur prétention est une injure gratuite à l'adresse de quiconque se contente *de faire du bien* sans le crier sur les toits et, surtout, sans se servir des bonnes œuvres pour attirer le vote des électeurs. Mais le socialiste croit avoir donné des preuves suffisantes de sa philanthropie quand il a excité les ouvriers contre les patrons et fomenté des grèves dont le résultat ordinaire est une aggravation dans la situation des travailleurs. Il est évident qu'on ne peut pas forcer l'ouvrier à travailler, mais on ne peut pas non plus le forcer à ne rien faire. Or, il arrive souvent que, dans une crise, les grévistes empêchent le travail de ceux qui ne veulent pas

chômer et condamnent ainsi à la gêne, quelquefois à la misère, les ouvriers laborieux dont ils ont
violenté la liberté de travail.

Que les socialistes aillent soigner les malades et
visiter les pauvres; qu'ils leur distribuent leur
superflu et ne gardent pour eux que le nécessaire;
qu'ils vendent leurs somptueux hôtels pour en
porter le prix dans les taudis où grouillent les
affamés, alors je croirai à la sincérité de leur
dévouement. Mais tant qu'ils se contenteront de
phrases sonores et de promesses trompeuses,
j'aurai le droit de croire qu'ils exploitent le peuple.
Je leur préfère de beaucoup l'innombrable armée
de ces chrétiens qui, sans la moindre prétention
au socialisme, fait œuvre éminemment sociale en
se consacrant au soulagement de toutes les douleurs. Ces socialistes là ne font pas de politique,
mais ils font mieux, et c'est probablement pour
cela que les socialistes politiques veulent les supprimer, parce que la comparaison n'est pas en
leur faveur.

Si les socialistes se contentaient d'être des
bavards encombrants, on pourrait les laisser
parler sans se préoccuper outre mesure de leur
intarissable faconde qu'on n'est pas obligé de
prendre au sérieux; mais leur doctrine sur le droit

de propriété est une cause de trouble et elle peut devenir un danger.

Dépouillée de la phraséologie dans laquelle on l'enveloppe et des précautions oratoires dont on l'entoure, la doctrine des socialistes politiques peut se résumer dans cette formule : un vol colossal commis par l'État.

J'espère vous démontrer que la formule est exacte. Nous examinerons ensuite quelles seraient les conséquences de son application.

Le fond de la doctrine socialiste (ou collectiviste, ce qui revient au même) est la négation du droit de propriété individuelle. L'État seul est propriétaire légitime; la propriété individuelle doit être absorbée par la propriété collective. Quand cette réforme aura été opérée, ce sera l'âge d'or. Les inégalités sociales, causes de tant de souffrances pour les vaincus dans la grande bataille de la vie, ne seront plus que le souvenir d'un temps barbare où les grands et les riches écrasaient les petits et les pauvres. L'ère de l'émancipation suprême se lèvera, et ce ciel que les chrétiens s'obstinent à espérer dans l'avenir sera, dans le présent, une réalité tangible qui donnera à tous et à chacun la seule part de bonheur qu'il soit permis d'attendre.

10

Pour vous prouver que la réalisation de la doctrine collectiviste serait un vol, je dois vous rappeler les principes sur lesquels repose le droit de propriété individuelle. Ces principes sont d'autant plus faciles à saisir qu'ils sont, pour ainsi dire, incarnés dans des faits.

L'homme est incontestablement un être intelligent. Son intelligence est bien à lui, elle est sa propriété, elle n'appartient pas à la collectivité. Nier ce fait, c'est dire que l'État a le droit de confisquer l'intelligence de ses administrés, c'est-à-dire d'en faire des idiots. On n'en est pas encore arrivé là.

Je pose donc comme incontestable ce principe : l'intelligence est la propriété légitime de l'homme intelligent.

Que va-t-il faire de son intelligence? Peut-on le forcer à ne pas s'en servir et à la laisser sans culture comme une terre en friche?

Évidemment non. Je suppose qu'il se mette au travail et qu'il produise une œuvre d'art ou de littérature, un tableau ou un livre. Ses œuvres seront sa propriété au même titre que l'intelligence qui les a créées. S'il les vend, l'argent lui appartiendra, et il ne sera nullement obligé de le mettre dans une caisse commune destinée à alimenter ceux qui se reposaient pendant qu'il travaillait. L'argent gagné par le travail est incontestablement la propriété du travailleur. Ce principe est vrai, qu'il s'agisse d'un travail artistique, littéraire ou manuel. Le salaire appartient à l'ouvrier, aussi bien que le prix du livre au littérateur, que le prix du tableau au peintre, que les honoraires de la plaidoirie à l'avocat, etc.

Mais l'homme est obligé de compter avec les exigences de la vie matérielle. Il faut manger pour vivre, et l'on vit des fruits que la terre produit à la condition d'être travaillée. Le blé sera la propriété du laboureur en totalité ou en partie, selon que le propriétaire aura travaillé lui-même ou qu'il aura fait travailler un autre.

Jusqu'à présent la thèse du droit de propriété ne rencontre pas de sérieuses difficultés, car personne ne conteste la vérité de ce principe : tout homme a droit au prix de son travail. Mais on soulève des objections quand il s'agit d'un travail qui a produit plus qu'il n'est nécessaire à la vie, c'est-à-dire d'un travail qui a produit la richesse. Un homme a-t-il le droit de devenir riche?

Pour le nier il faudrait prouver que, lorsqu'un homme a ce qui est nécessaire à sa vie, on peut lui interdire tout travail ultérieur, c'est-à-dire le condamner à la paresse, ou l'astreindre à un travail forcé pour l'obliger à verser, dans une caisse commune, le produit de son travail. On en fera donc un paresseux ou un esclave.

Cela est absolument insoutenable : c'est transformer l'homme en automate qui s'arrête ou qui marche selon le bon plaisir de celui qui tient le ressort.

On ne peut donc empêcher personne de devenir riche. Quant à l'usage de la richesse, ceci est une autre question ; j'expose seulement les principes du droit de propriété individuelle, sans méconnaître toutefois les graves devoirs qui incombent aux riches.

La richesse, loin d'être nuisible à l'intérêt général est, au contraire, utile à tous, car celui qui la possède fait nécessairement participer à ses avantages ceux auxquels il a recours pour rendre sa vie plus commode et plus douce. Les meubles qu'il achète, les maisons qu'il bâtit, l'industrie qu'il fonde ou qu'il continue sont une cause de bien-être relatif pour ceux qui gagnent de l'argent en travaillant pour lui. S'il n'y avait pas de riches, qui donc ferait travailler les pauvres?

La richesse, ou du moins une situation aisée qui met à l'abri des préoccupations matérielles de l'existence, est un élément indispensable à la vie intellectuelle d'un peuple. Si tout le monde était condamné à gagner, par un labeur manuel, son pain de chaque jour, aucune carrière libérale ne serait possible. Pour étudier, il faut les loisirs que donne la certitude d'une vie matérielle assurée. Pour s'enfermer dans une bibliothèque, pour fréquenter les écoles, pour devenir un artiste, un savant, un avocat, un médecin, un littérateur, il faut n'être pas obligé de pousser la charrue. Or, tout le monde profite de la science acquise par ceux qui ont embrassé les carrières libérales : le médecin soigne les pauvres et l'avocat défend ses intérêts. La gloire des artistes, des poètes, des orateurs, des écrivains et des savants est un patrimoine intellectuel commun à tous. Si Pasteur avait été obligé de travailler dans un chantier pour gagner cinq francs par jour, aurait-il fait les découvertes qui ont sauvé tant de vies?

Le droit de propriété repose donc sur une chose respectable entre toutes, le travail personnel, puisque la propriété n'est, au fond, que le salaire transformé.

La propriété est le bouclier de la liberté.

Quand l'homme possède le coin de terre qui le nourrit et la maison qui l'abrite, il est indépendant, il est souverain d'un petit royaume où nul ne peut pénétrer sans sa permission. Il n'est pas exposé à la tentation de vendre son opinion comme le mercenaire qui attend de la libéralité d'un maitre le pain de chaque jour : « Si jamais, dit Lacordaire la culture indépendante disparaissait du monde pour faire place à une culture d'État par des valets de république, il ne resterait qu'un dernier service à espérer de la terre, celui d'un tombeau. »

Quand j'exposerai tout à l'heure les conséquences du système collectiviste, vous verrez plus clairement encore le lien qui rattache la liberté au droit de propriété.

La propriété individuelle est de droit naturel.

Quand on ne considère que la nature de l'homme et des choses, le droit est commun à tous; mais quand on recherche quel est le droit de tel homme sur telle propriété, on constate qu'il repose sur une chose devant laquelle on est obligé de s'incliner, et qui est la nécessité de vivre.

Si, en effet, l'homme n'est pas propriétaire de la terre qui le nourrit, s'il n'est pas certain d'en recueillir les fruits, il ne la travaillera pas. Pourquoi se condamnerait-il aux pénibles travaux des champs, si un autre peut lui enlever la moisson? On ne travaille pas pour ne rien récolter. La terre restera donc sans culture; et, cependant, il faut vivre et l'on ne vit que des fruits de la terre. Sans doute, le droit sur telle propriété n'a pas été spécifié par la nature; cependant il est naturel, dans ce sens, que le droit à la vie ne peut s'exercer sans le droit de propriété individuelle.

Le droit de transmission de la propriété est la conséquence logique des principes que je viens d'exposer.

On ne peut contester à personne le droit de faire part de ses biens à d'autres : la générosité est un noble emploi de la propriété. Mais est-on obligé de donner à tous indistinctement? Évidemment non. Il est permis d'avoir des préférences. Or, parmi ceux envers lesquels la préférence est la plus naturelle, les enfants tiennent le premier rang; si le propriétaire a le droit d'acheter une maison pour y loger un ami pauvre, à plus forte raison a-t-il le droit de laisser à ses enfants sa maison et ses biens.

La possibilité de transmettre sa propriété à ses enfants est le mobile le plus puissant pour entretenir et exciter l'amour du travail. Un homme qui ne pourrait pas laisser sa fortune à ses enfants se reposerait, généralement du moins, quand il a assez pour vivre. Mais l'espoir de faire à ses fils une vie plus large, la pensée de leur éviter les préoccupations et les angoisses qu'il a endurées quand il a commencé à édifier sa fortune, l'encouragent au travail et développent tout ce qu'il a en lui d'ardeur et d'énergie. C'est ainsi que s'élèvent les familles dont la prospérité se répand sur un grand nombre par l'argent qui se dépense et les industries qui se fondent. C'est ainsi que les enfants peuvent aborder les carrières libérales dont, comme je le disais tout à l'heure, tout le monde profite. Si chaque génération commençait dans la misère, aucune vie intellectuelle ne serait possible.

Examinons maintenant les conséquences pratiques du collectivisme.

Il n'y a plus de propriétaires : l'État a tout confisqué.

Je fais remarquer d'abord que le vol, quel que soit le nom du voleur, est une singulière manière de travailler au bonheur du peuple. Quand un homme est assailli par un malandrin qui lui enlève sa bourse, je ne vois pas comment il fait son bonheur. Qu'il la lui prenne au nom de l'État ou en son nom personnel, le résultat est le même.

Voilà donc l'État propriétaire de tout, il va mettre en pratique ces maximes de Louis XIV : « Les rois ont naturellement la disposition pleine et entière de tous les biens qui sont possédés aussi bien par les gens d'Église que par les séculiers, pour pouvoir en user en tout temps, comme de sages économes, c'est-à-dire suivant le besoin général de leur État. »

Supposons que la spoliation universelle ait été accomplie. Il faut vivre; et l'on ne vit pas de belles phrases sur le bonheur d'un peuple qui a fait disparaître la propriété et le capital. La terre devra être cultivée; par qui le sera-t-elle? Ce ne sera pas par les propriétaires puisqu'il n'y en a plus; ce sera par des mercenaires auxquels l'État imposera d'office le métier de laboureurs. S'ils résistent, il les contraindra, car il faut bien que la terre soit travaillée. Ils ne recevront aucun salaire, car le salaire suppose le droit de propriété et c'est précisément cela que l'on a voulu abolir. Les cultivateurs seront donc condamnés à travailler par force et pour rien : ce qui sera vrai aussi pour tous les corps de métiers.

C'est l'esclavage antique dans toute son horreur.

De plus, un homme qui ne retire rien de son travail, travaille le moins possible et fort mal; quel intérêt a-t-il à ce que la terre soit féconde? Le travail collectif produira la famine et le peuple

qu'on aura berné sera un troupeau d'esclaves condamnés à mourir de faim.

D'ailleurs, d'après le système collectiviste, de
quel droit l'État français serait-il propriétaire de
ce sol qui est la France? La propriété collective
n'est pas plus inviolable que la propriété individuelle, et je ne vois pas quel argument on pourrait
opposer à un peuple qui viendrait s'intaller chez
nous en disant : « Il y a assez longtemps que vous
jouissez d'un beau pays, à mon tour maintenant. »

Je sais bien que les collectivistes n'osent pas,
du moins encore, proposer l'exploitation directe
par l'État. Ils imaginent la création d'un certain
nombre de grandes fermes qui engloberaient la
totalité du sol et qui seraient confiées à des fermiers pour un nombre d'années déterminées.

Ces fermiers formeront une classe privilégiée
entre toutes et, infiniment au-dessous de ces aris-
tocrates de l'ère nouvelle, il y aura l'immense
majorité de la nation menée à coups de fouet
comme un troupeau d'esclaves.

L'application de la théorie socialiste-collectiviste
se heurte donc à des impossibilités matérielles insur-
montables. Elle ne peut être qu'un thème oratoire
à l'usage de quiconque veut exploiter la crédulité
populaire, exciter des convoitises que l'on ne pourra

pas satisfaire et réveiller des appétits que l'on sera impuissant à apaiser. Au point de vue économique, elle est une chimère; au point de vue civil et politique, elle est un crime.

Toute brèche faite au droit de propriété est une diminution de la dignité humaine, et la destruction de la propriété livrerait le citoyen sans défense à l'omnipotence brutale de l'État. Le jour où l'État serait le seul propriétaire, il n'y aurait plus un homme libre. Je comprends que le despotisme jacobin caresse le rêve d'immoler tous les droits sur les autels du Dieu-État, mais je suis assuré qu'ils seront nombreux aussi ceux qui se lèveront pour briser l'idole et pour substituer à l'adoration de la force le culte du droit et l'amour de la liberté!

# TABLE DES MATIÈRES


|  |  | Pages. |
|---|---|---|
| I. — | La liberté civile | 1 |
| II. — | La liberté politique | 14 |
| III. — | La séparation de l'Église et de l'État | 23 |
| IV. — | Un parti catholique | 42 |
| V. — | Le cléricalisme | 52 |
| VI. — | La patrie | 58 |
| VII. — | Le fils de la Révolution | 70 |
| VIII. — | Les inquiétudes des bonnêtes gens | 81 |
| IX. — | Le clergé | 90 |
| X. — | La démocratie et la souveraineté nationale | 106 |
| XI. — | La liberté d'enseignement | 119 |
| XII. — | Les socialistes | 130 |

PARIS

TYPOGRAPHIE PLON-NOURRIT ET Cⁱᵉ

Rue Garancière, 8